ATLAS GÉOPOLITIQUE DE LA RUSSIE

Puissance d'hier, puissance de demain ?

Pascal Marchand
Cartographie de Cyrille Suss

Éditions Autrement
Collection Atlas/Monde

AUTEUR
Pascal Marchand est professeur des universités à Lyon II et chercheur à l'Espace Europe de Grenoble II. Il est spécialiste de la géopolitique de l'Europe orientale et plus spécifiquement de la Russie. Il vient de publier *Géopolitique de la Russie*, en 2007, aux éditions Ellipses.

CARTES ET INFOGRAPHIES
Cyrille Suss est cartographe indépendant. Il travaille régulièrement pour les éditions Hachette et les éditions du Chêne.

MAQUETTE
Conception et réalisation : EDIRE

ÉDITIONS AUTREMENT
Direction : Henry Dougier
Coordination éditoriale : Anne-Charlotte Sangam
Lecture-correction : David Mac Dougall
Fabrication : Bernadette Mercier
Communication et presse : Doris Audoux
Direction commerciale : Aude Wester

77, rue du Faubourg-Saint-Antoine • 75011 Paris
Tél. 01 44 73 80 00 • Fax 01 44 73 00 12 • www.autrement.com

ISBN 978-2-7467-1051-1
ISSN 1272-0151
Dépôt légal : juin 2008. Précédent dépôt : octobre 2007
Imprimé et broché en France par Corlet Imprimeur, S.A.

SOMMAIRE

Les sources des citations suivies d'un astérisque sont de l'auteur.

INTRODUCTION

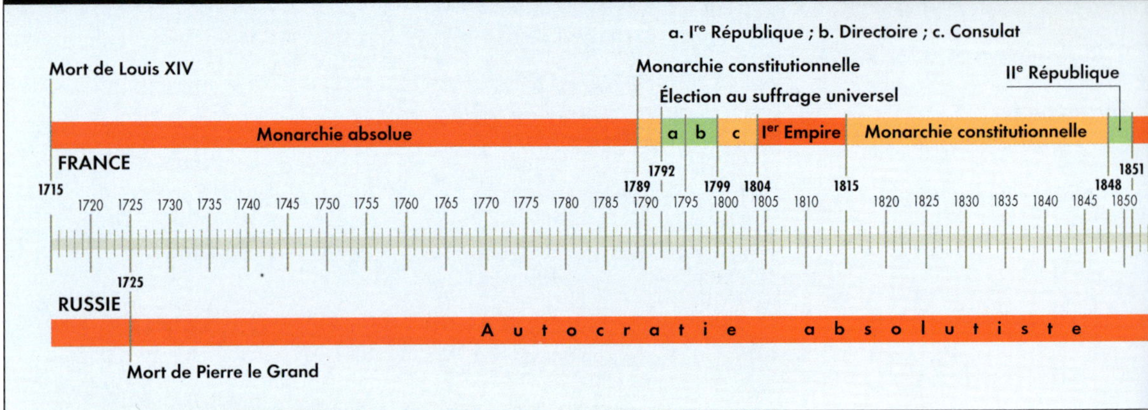

UN PHÉNIX GÉOPOLITIQUE ?

La chute de l'URSS fut spectaculaire. La puissance qui, en tant que deuxième « grand » mondial, négociait en 1987 le désarmement nucléaire, se voyait obligée de solliciter l'aide alimentaire d'urgence en septembre 1991. En décembre, la fédération avait éclaté en quinze États.

De la nouvelle Russie des années 1990 affluèrent alors des images de misère : mendiants, enfants abandonnés, personnes âgées en détresse, situations écologiques désastreuses, familles d'officiers logées dans des wagons de chemin de fer, règne des mafias... Avec une industrie et une armée en pleine déliquescence, les réalisations les moins contestées du régime communiste elles-mêmes semblaient en lambeaux. La survie du pays était menacée par les velléités d'indépendance. Le pouvoir politique semblait impuissant. L'idée d'un « trou noir » en formation était formulée par Zbigniew Brzezinski en 1997 (*Le Grand Échiquier*, Paris, Hachette). Sur le plan international, l'effacement était complet et la Russie se trouvait à la merci des organismes internationaux.

La timide reprise économique de 1996 fut emportée par le krach d'août 1998 : pour la seconde fois au XXe siècle, un État faisait défaut sur sa dette souveraine, le seul précédent étant... la Russie en 1917.

Puis, sans transition, à la fin du siècle, les « oligarques », richissimes hommes d'affaires russes, ont fait une entrée remarquée dans le classement Forbes des milliardaires. Depuis 2001, l'autorité de l'État a été rétablie. En 2006, la Russie a remboursé par avance la totalité de ses dettes auprès des organismes internationaux. Les gouvernements s'efforcent maintenant d'orienter la manne des hydrocarbures vers une industrie héritée de l'URSS, dont des pans entiers sont encore en attente de reconversion. Avec ses ressources naturelles, son potentiel d'ingénieurs et de chercheurs, le marché de sa classe moyenne grandissante, la Russie est devenue un eldorado pour les investisseurs étrangers, qui vont participer à son redressement. En sens inverse, les grands groupes russes, bâtis par les « oligarques » lors de la chute de l'URSS, intègrent le cercle des fusions-acquisitions au niveau mondial.

Beaucoup de problèmes subsistent cependant : ampleur de l'investissement à mobiliser dans les domaines des transports et de l'énergie, où les déficits pénalisent toute l'activité économique, situations environnementales désastreuses héritées de l'URSS, évolution démographique inquiétante... La question du poids et du rôle de l'État dans la société n'est pas le moindre de ces problèmes.

Quoi qu'il en soit, forte de ses réussites privées et collectives, la Russie a entrepris de restaurer son statut de puissance dans un monde devenu multipolaire. Elle reste le plus vaste pays du monde. S'étendant sur deux continents, elle confine à des régions aussi diverses sur le plan géopolitique que la Finlande, le Caucase ou l'Extrême-Orient. Dans toutes ces zones du globe, à ses frontières, la Russie compte ses intérêts, qu'elle entend faire valoir.

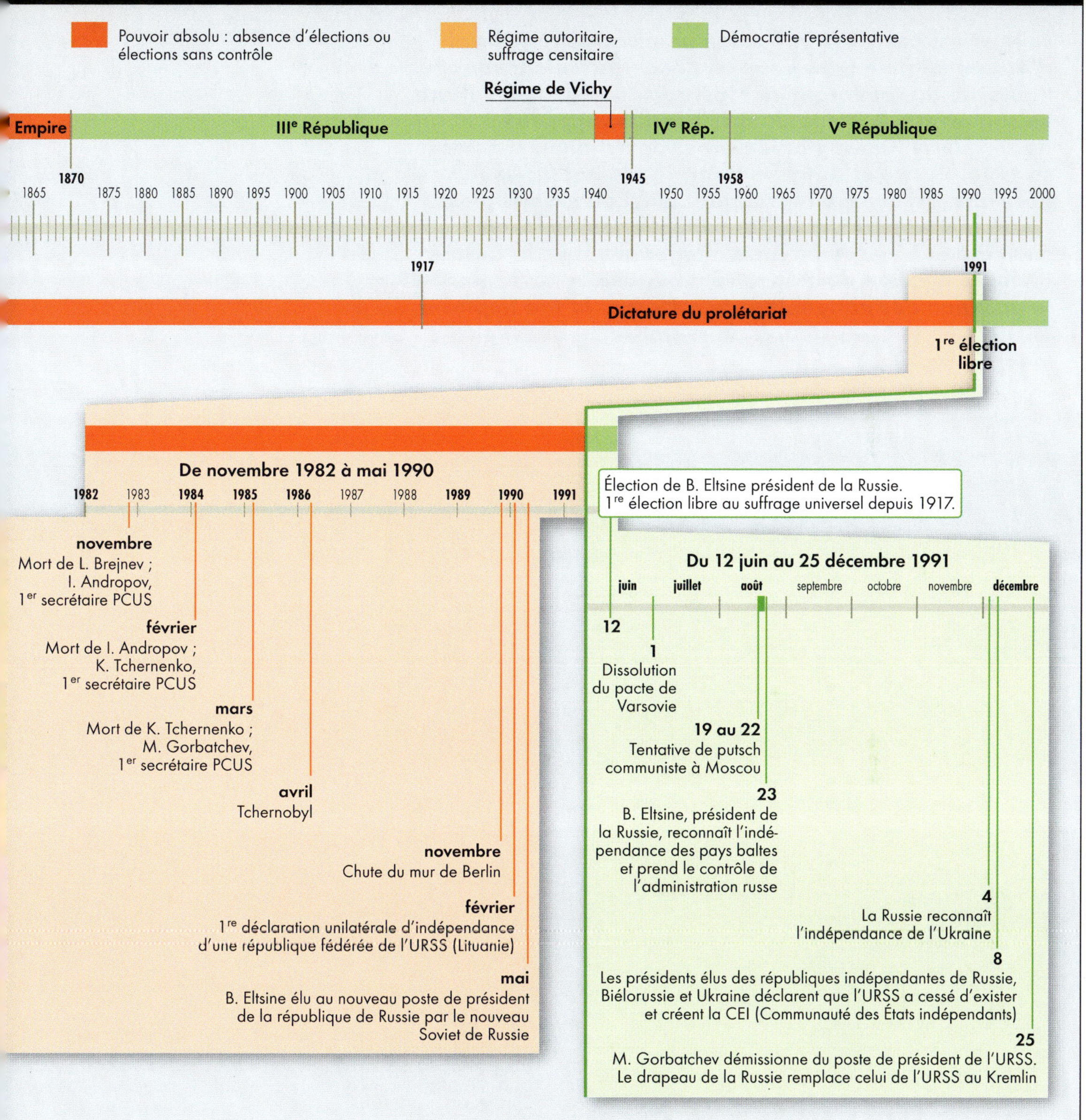

L'ACCÉLÉRATION DE L'HISTOIRE

LA CONSTRUCTION DU TERRITOIRE

La Russie s'est construite selon un principe territorial d'Ancien Régime : des peuples divers passaient sous l'autorité du souverain de Moscou sans que leur culture en soit affectée. L'idée de russification, apparue à la fin du XIXe siècle, fut appliquée sans conviction ni constance. En 1914, Russie et Autriche-Hongrie étaient les seules puissances d'Europe regroupant ainsi divers peuples. Après la guerre, l'Union des républiques socialistes soviétiques a perpétué cette allégeance sous la forme d'une fédération de quinze républiques. À partir de 1989, la question des nationalités la rattrape, la fait imploser en 1991 et ne cesse depuis de remettre en question le territoire russe.

LA MARCHE EN AVANT (1400-1917)

Un séisme géopolitique
En 1991, la Russie fut ramenée à ses frontières de 1683, amputées de l'Ukraine orientale. Trois siècles de patiente expansion s'évanouirent en une année.*

Les bâtisseurs de la Russie

La construction autour de la principauté de Moscou s'est faite par à-coups :

- le grand prince Ivan III le Grand (1462-1505), « rassembleur des terres russes », fait quadrupler le pays pendant son règne (de 430 000 à 2 millions de km^2) ;
- son petit-fils, Ivan IV le Terrible (1533-1584), premier tsar, engage la conquête de la Sibérie. En 1584, le pays couvre 5 millions de km^2 ;
- Pierre le Grand (1682-1725) conquiert les pays baltes, petite expansion aux grandes conséquences car elle ouvre une fenêtre sur l'Europe et ses techniques ;
- Catherine II (1762-1796) conquiert les steppes de Russie et d'Ukraine jusqu'à la mer Noire et la région du Caucase. Elle fait basculer la lutte séculaire entre Pologne et Russie, assurant ainsi l'essentiel de l'expansion à l'ouest du XVIIIe siècle ;
- au XIXe siècle, différents tsars s'emparent, avec difficulté, de la Transcaucasie. Asie centrale et Extrême-Orient sont le terrain de l'expansion coloniale russe.

L'EXPANSION MAXIMALE (1953)

L'ÉTAT ACTUEL

UNE PUISSANCE MILITAIRE REFORMATÉE

Au cours des quinze dernières années, les forces armées russes ont opéré un repli territorial d'envergure et connu une réduction de leur effectif et de leur équipement tout aussi massive. Malgré une forte diminution, la force nucléaire stratégique a été un peu moins affectée. De sorte que la Russie reste, et de loin, la deuxième puissance nucléaire mondiale. Le format de ses forces terrestres, aériennes et navales ne lui permettent en revanche plus de soutenir la comparaison avec les forces américaines. En conséquence, la capacité de la Russie à peser dans les crises internationales a fortement baissé.

LE RAPPORT DE FORCE RUSSIE / ÉTATS-UNIS

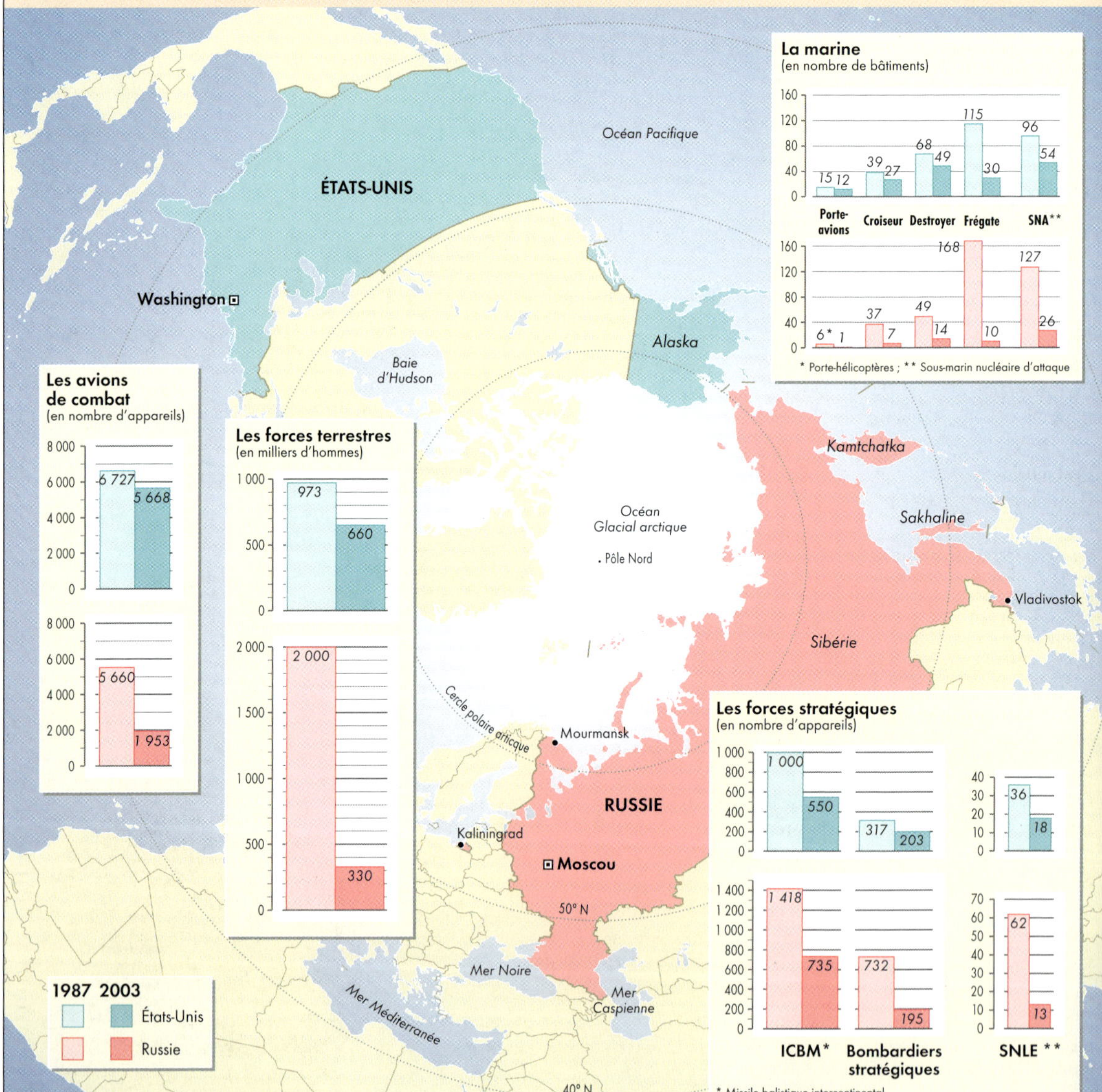

Source : *The International Institute for Strategic Studies*, Londres, 1987 et 2003.
Projection azimutale équidistante

Un repli remis en question ?

UNE RÉDUCTION MASSIVE DE L'ARMÉE. L'armée soviétique, choyée par le régime, recevait chaque année chars et avions de combat par centaines. Dès 1992, elle voit ses crédits d'équipement ramenés à zéro par un pouvoir qui se méfie d'une force inféodée au Parti communiste, dont on pouvait redouter une réaction putschiste. On n'a rien vu de tel, l'armée est restée fidèle au gouvernement même lors de la rébellion des parlementaires ex-communistes de 1993. Mais l'absence de commandes d'équipement s'est maintenue, sous le double effet d'une relation apaisée avec le monde occidental, qui a réduit le besoin de défense, et d'un assèchement des ressources budgétaires de l'État, qui a restreint les possibilités de financement. Ce n'est qu'en 1995 que l'intervention de l'Otan en Bosnie, contre l'avis de Moscou, montre au gouvernement ce qu'il est advenu de son poids international. Un plan de modernisation des armées est publié, mais reste lettre morte.

UN RÉARMEMENT ? En 1999, l'intervention de l'Otan au Kosovo – incluant le bombardement massif des villes de Serbie – doublée de la décision de l'Otan d'étendre cette alliance militaire vers l'est, ébranle très fortement l'opinion. Pour la première fois depuis la chute de l'URSS, la sécurité du pays est un thème de campagne dominant lors des élections législatives de décembre 1999. Plus que les attentats, le sentiment d'une nouvelle menace aux frontières du pays permet la victoire inattendue du parti du président emmené par un inconnu, Vladimir Poutine, puis l'élection de ce dernier aux présidentielles de mars 2000.

L'APPAREIL MILITAIRE RUSSE EN 1987 ET 2003

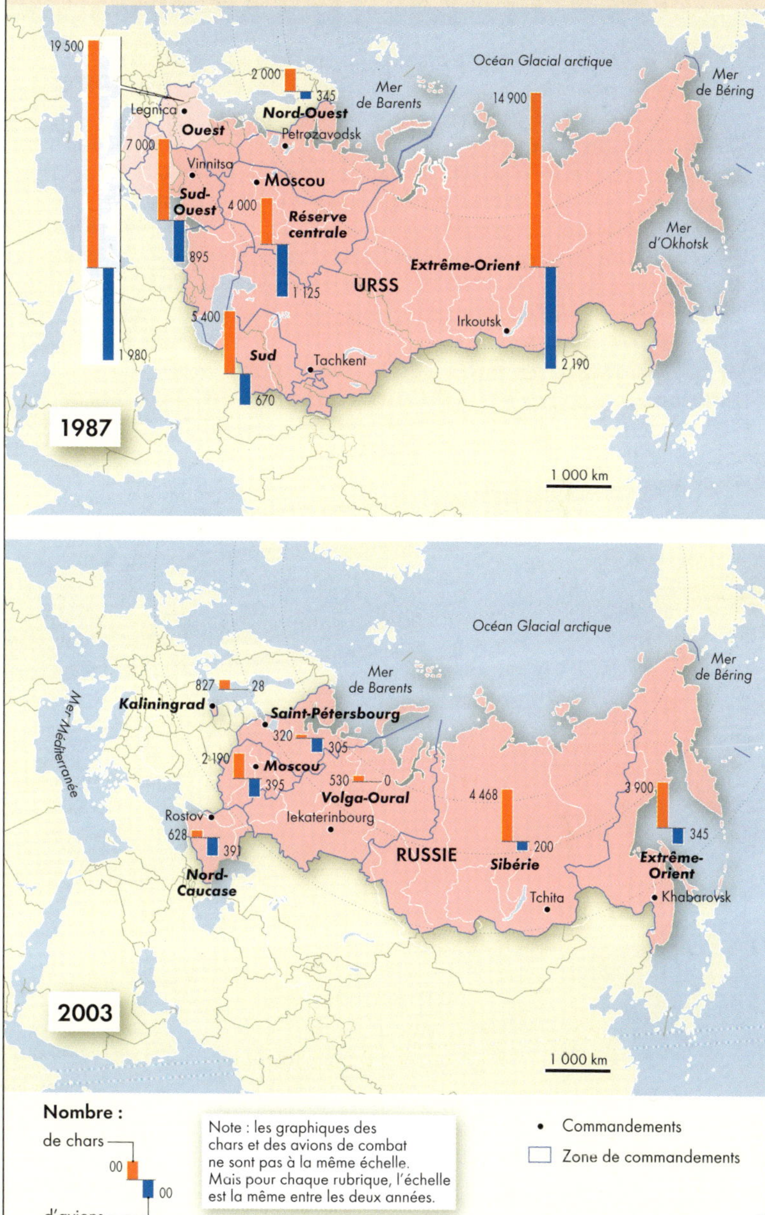

Source : *The International Institute for Strategic Studies*, Londres, 1987 et 2003.

En 2000, pour la première fois depuis 1992, le budget de la défense est augmenté. En 2003, l'armée russe reçoit son premier chasseur neuf depuis 1992 et son premier hélicoptère d'assaut neuf en 2004. Interrompue, la construction des sous-marins nucléaires stratégiques reprend, tout comme la mise au point de nouveaux missiles balistiques. En 2006, pour la première fois depuis quinze ans, l'aviation reçoit deux Soukhoï-34 neufs, des avions destinés à l'attaque à longue distance dans les profondeurs du dispositif ennemi. L'acquisition de ce type d'appareil est révélatrice de la perception d'une menace aux frontières. Il s'agit de relever 400 Soukhoï-24 qui étaient chargés de cette mission à l'époque soviétique et sont maintenant dépassés. Comme le programme d'acquisition ne porte que sur 58 Soukhoï-34 d'ici à 2015, il est cependant clair que, s'il y a bien effort de modernisation, on ne peut absolument pas parler de réarmement.

> « ***Nous devons être prêts à contrer toute tentative de pression sur la Russie quand des positions sont renforcées à nos dépens... Plus notre armée sera forte, moins les tentations d'exercer des pressions sur nous seront grandes.*** »
>
> **V. POUTINE, 10 MAI 2006.**

UNE PUISSANCE SPATIALE

L'URSS a été pionnière dans la conquête spatiale en lançant le premier satellite (Spoutnik, le 4 octobre 1957) et en envoyant le premier homme dans l'espace (Gagarine, le 12 avril 1961). Elle a échoué en revanche dans la course à la Lune, doublée par les États-Unis. Après cet échec, l'effort a été redéployé sur l'espace circumterrestre. La station Mir, lancée en 1986, inaugure l'occupation presque permanente d'une station orbitale. Puis, après la fin de l'URSS, dans un contexte de coopération internationale, l'industrie spatiale russe s'est réorientée. Mir est abandonnée au profit de l'ISS et se désintègre en mars 2001. Avec le nouveau millénaire, les projets spatiaux refleurissent.

SITES DE PRODUCTION ET SITES DE LANCEMENT

*Russie et États-Unis sont les seuls pays au monde à disposer du savoir-faire spatial complet : fabriquer satellites et lanceurs, disposer de pas de tir, maîtriser les vols habités et la technique de l'arrimage spatial.**

La Russie partenaire de l'ISS

Reprenant une idée émise par Ronald Reagan en 1984, le premier module de la Station spatiale internationale (ISS en anglais) est mis en orbite en novembre 1998. Il s'agissait d'un module russe, Zarya, chargé de maintenir l'altitude de la station avec ses moteurs et d'assurer les communications avec la Terre. À l'image de cette époque, Zarya n'a pu être construit que grâce à un financement américain.

La construction de la station à partir d'éléments américains, russes, japonais, italiens, européens (ESA) et canadiens se poursuit. Elle devrait s'achever en 2010 bien que les Américains, promoteurs de l'idée, soient de plus en plus tournés vers d'autres projets spatiaux.

De 2003 à 2006, suite à l'accident de la navette Columbia, la station n'a fonctionné que grâce aux Soyouz russes. De 1998 à mi-2006, l'ISS a reçu 17 vols de navettes et 36 vols russes (15 capsules habitées Soyouz et 21 cargos de ravitaillement Progress).

Les partenariats internationaux

Avec un État russe désargenté, la puissante industrie spatiale héritée de l'URSS, aux centaines de milliers d'employés, a vu fondre ses crédits. Les groupes russes se sont donc tournés vers le marché international, proposant leurs services et recherchant des partenariats. Les groupes occidentaux se sont montrés très intéressés par un vivier de compétences scientifiques bon marché. Khrounitchev (Moscou), constructeur de la plus grosse fusée russe, Proton, de la navette Bourane et des vaisseaux Soyouz, s'est investi dans l'ISS, sous la maîtrise d'œuvre de Boeing. Par ailleurs, des vaisseaux Soyouz transportent en orbite des astronautes de tous les pays, moyennant devises. Avec Boeing encore, mais aussi avec l'ukrainien Zénit et le norvégien Kvaerner, le groupe est partenaire de Sea-Launch (lancement en mer des fusées Zénit à partir d'une base californienne). C'est également lui qui prépare le nouveau programme spatial russe.
Le constructeur des fusées Soyouz (à ne pas confondre avec la capsule du même nom) à Samara, a opté pour le partenariat avec Arianespace. Une société commune, Starsem, a été mise en place pour commercialiser à l'Ouest les services du lanceur Soyouz, d'une fiabilité inégalée dans le monde (de 1957 à juin 2007, 1 721 exemplaires ont été lancés avec un taux de réussite de 98 %). Par ailleurs, un pas de tir est en cours d'aménagement à Kourou pour les Soyouz qui, de ce site équatorial, pourront emporter une charge de 3,1 tonnes, contre 1,8 lorsqu'ils décollent de Baïkonour.
Seul Poliot (fusées Cosmos, Omsk) est resté à l'écart des partenariats internationaux.

LANCEMENTS DE FUSÉES RÉUSSIS (1992-2007)

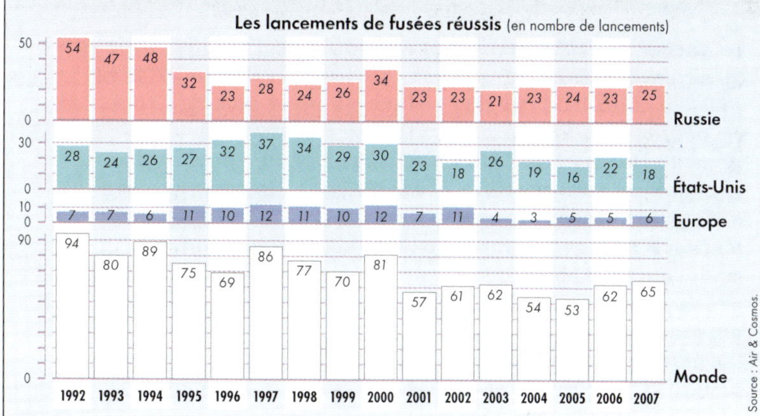

TIRS ET LANCEMENTS DE SATELLITES (1995-2006)

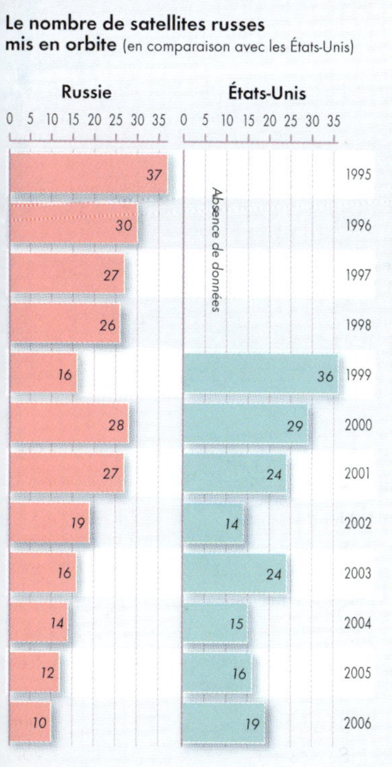

Source : Air & Cosmos.

L'avenir de la conquête spatiale : le retour des nations

Réalimenté en crédits d'État depuis 2001, le secteur spatial russe met en œuvre de nouveaux projets, en plus des coopérations internationales engagées (ISS, Sea Launch, Soyouz-Arianespace). Le principal promoteur de ces projets est Khrounitchev, qui constitue au début de 2007 une vaste holding nationale (société qui regroupe des actionnaires) incluant notamment Poliot d'Omsk. Le groupe prépare deux familles de lanceurs pour succéder au Proton. Le lanceur Angara devrait effectuer son premier tir de Plessetsk en 2010. Une version kazakhe, Baïterek, devrait être tirée de Baïkonour à partir de 2012. Le Kazakhstan participe également à l'élaboration d'un nouveau concept de lanceur « écologique », car partiellement récupérable, Baïkal. En échange de cette participation, le Kazakhstan loue Baïkonour, cosmodrome dans lequel la Russie vient de faire de gros efforts de modernisation, pour une somme modique.
Khrounitchev travaille également à la mise au point du successeur de la capsule Soyouz, un véhicule mi-capsule-mi-navette, baptisé Kliper, qui devrait voler à partir de 2012. Alerté par ses déboires financiers passés, Khrounitchev a conçu dès le départ un véhicule adapté au transport de « touristes spatiaux ».
Au-delà de 2015, on prévoit un retour aux missions spatiales habitées, en direction de la Lune et de Mars. C'est également à cet horizon que la Chine envisage d'avoir assemblé, seule, une station orbitale, base de départ pour des expéditions lunaires. L'avenir dira quel sera le sort de ces projets, mais la Lune, avec ses ressources en hélium-3, suscite beaucoup d'intérêt. Si on rapproche ces projets des ambitions américaines, il semble que la conquête spatiale, après un épisode « internationaliste », se réoriente vers des bases nationales.

UNE PUISSANCE NUCLÉAIRE

Le secteur nucléaire civil et militaire de l'URSS employait quelque 500 000 personnes, surtout en Russie. Après 1991, il a dû trouver des solutions pour assurer sa survie. La branche militaire s'est reconvertie dans le démantèlement de têtes nucléaires et la dilution des charges en combustible à usage civil. Ce programme « Megaton to Megawatt », financé par les États-Unis, a saturé le marché mondial de l'uranium pendant la décennie. Les centrales nucléaires ont continué leur production pendant que le Rosatom cherchait des devises en construisant des centrales dans divers pays et que les centres de recherche se tournaient vers la vente de radioéléments à usage médical.

LE PARC NUCLÉAIRE RUSSE

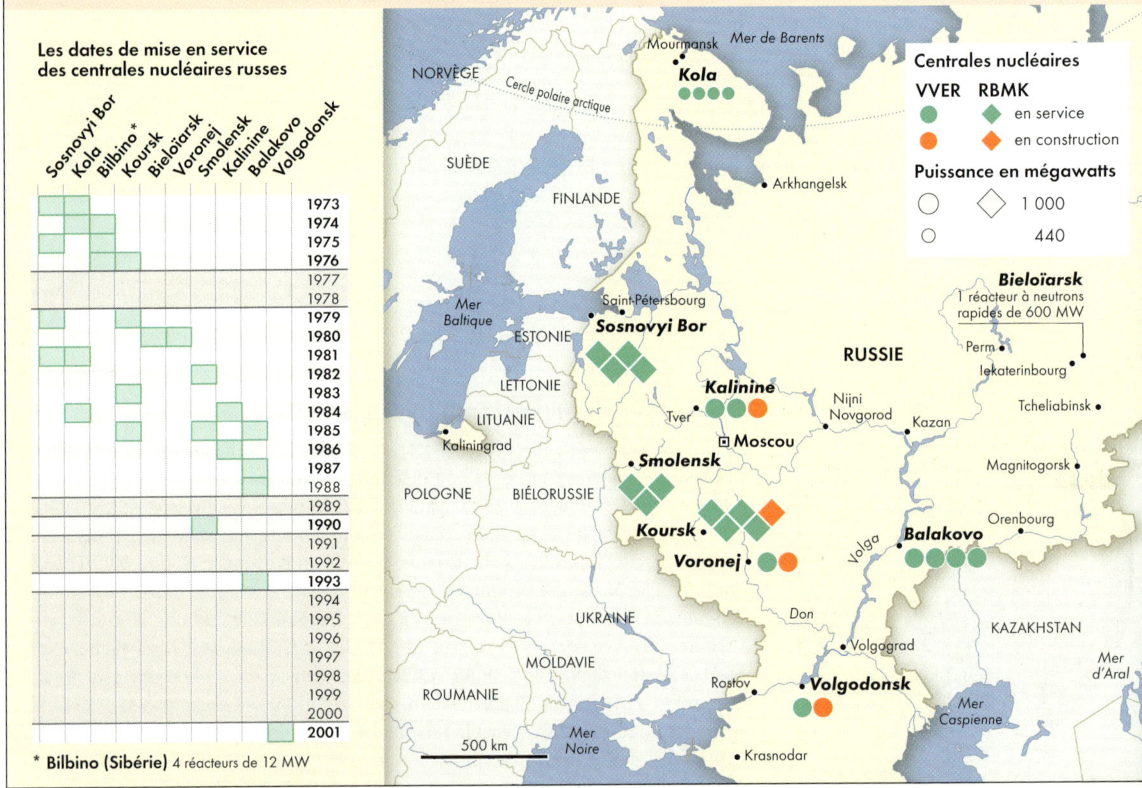

La sûreté des centrales nucléaires russes

« L'image de l'industrie nucléaire russe a été affectée par l'impact de la catastrophe de Tchernobyl, survenue sur un réacteur de la filière RBMK (graphite-eau bouillante) le 26 avril 1986, et par les déficiences du secteur de la construction nucléaire de la fin de la période soviétique (dont la capacité de construction a dû être limitée à trois unités par an au lieu de huit).
Les performances de l'industrie nucléaire russe se sont largement améliorées depuis 1991. Les technologies de réacteur ont gagné en crédibilité avec l'amélioration de la sûreté des réacteurs en exploitation et la mise au point de nouveaux réacteurs VVER-1000 (filière à eau pressurisée) équipés d'enceintes de confinement et incorporant des systèmes de contrôle-commande (deux éléments qui faisaient défaut dans les RBMK et les VVER-440 de premier modèle).
Au bout du compte, l'industrie russe propose des réacteurs VVER-1000 qui ont des niveaux de sûreté élevés et des performances économiques intéressantes avec des bas coûts de construction. »

DOMINIQUE FINON,
REVUE DE L'ÉNERGIE, n° 5, 2005.

LA FILIÈRE NUCLÉAIRE CIVILE

> ***L'industrie nucléaire russe constitue un concurrent sérieux en proposant des réacteurs éprouvés et les services du cycle du combustible à des prix bas dans le cadre des règles de la non-prolifération nucléaire.***
>
> **REVUE DE L'ÉNERGIE, N° 5, 2005.**

La Russie sur le marché nucléaire mondial

Entre 1995 et 2006, la Russie s'est octroyé 35 % d'un marché mondial – certes anémié – en vendant cinq centrales nucléaires VVER (une à l'Iran, deux à la Chine et deux à l'Inde). Le regain d'intérêt pour le nucléaire place la Russie, l'un des rares pays à disposer de la compétence technologique, en situation favorable. L'Agence fédérale pour l'énergie atomique (Rosatom) propose les réacteurs VVER-1000 de nouvelle génération sur le marché mondial.

En plus de prix nettement inférieurs à ceux de ses concurrents occidentaux, elle offre comme eux des crédits fournisseurs couvrant 90 % du prix d'achat, mais surtout de gros avantages en matière de filière nucléaire. Ainsi, en modifiant sa Constitution qui l'interdisait, la Russie s'est placée en situation d'assurer la reprise des déchets pour les stocker sur son propre sol et les retraiter. Dès 2001, la Russie envisageait de pouvoir accueillir 20 000 tonnes de déchets nucléaires en vingt ans, pour un chiffre d'affaire d'une vingtaine de milliards de dollars. Un tel volume se heurterait aux limites des capacités actuelles de stockage et de retraitement, à moins d'en augmenter les capacités, mais Rosatom peut néanmoins proposer de nombreux contrats avant d'atteindre ces limites. Durant le premier trimestre 2007, la Russie a signé des accords pour la construction de six réacteurs (quatre en Inde, deux en Bulgarie).

En mai 2007, elle a encore amélioré son offre nucléaire en signant un accord avec le Kazakhstan. Les deux partenaires vont investir sur le site d'Angarsk, usine russe d'enrichissement d'uranium (combustible des centrales) par ultracentrifugation. Ce Centre international d'enrichissement de l'uranium verra ses capacités quadruplées et proposera ses services aux pays tiers, dans des conditions offrant toute garantie en matière de prolifération nucléaire.

UNE PUISSANCE AÉRONAUTIQUE

L'industrie aérospatiale soviétique était démesurée. En 1992, ses commandes se sont effondrées avec son client unique, l'État soviétique. Le secteur militaire, qui produisait chaque année 700 à 900 avions de combat, n'a reçu commande d'aucun avion de 1992 à 2003. Le secteur civil, qui livrait chaque année quelques centaines d'avions à Aéroflot et aux « pays frères », en a produit au mieux une douzaine par an pendant la décennie. Mais, en 2000, le gouvernement russe a pris en main la restructuration de cette industrie stratégique. En 2001, pour la seule Russie, l'aérospatial emploie 800 000 personnes, alors qu'on n'en compte que 1,2 million dans le reste du monde.

L'AÉRONAUTIQUE CIVILE ET MILITAIRE

LE MARCHÉ DES AVIONS DE COMBAT

Les ventes d'avions de combat entre 1999 et 2003
(à destination des pays hors États-Unis, Europe et Japon)

Ventes réalisées par la Russie	
• *Soukhoï-27* et *Soukhoï-30*	399
• *Mig-27* et *Mig-29*	196
	595

Ventes réalisées par l'Occident	
• *F-16* et *F-18* (États-Unis)	385
• *Mirage 2000* (France)	178
• *Tornado* (Royaume-Uni)	48
	619

Source : « Military balance », *International Institute for Strategic Studies*, 2003-2004.

> « *Ayant reçu des propositions de collaboration et d'Airbus et de Boeing, nos tchinovniks sont incapables de se déterminer sur le choix d'un partenaire stratégique.*
> A. Khazbief, *Expert*, 15 août 2005. »

L'industrie aéronautique militaire sauvée par l'exportation

La holding d'État Soukhoï est le modèle de reconversion le plus réussi du CMI (complexe militaro-industriel) russe. En 1992, dans le cadre de la « conversion », les entreprises du CMI, désormais sans débouché, étaient conviées à se reconvertir vers les biens de consommation, articles qui faisaient défaut en URSS. Les bureaux d'étude Soukhoï qui concevaient les chasseurs soviétiques les plus performants, se sont vu proposer de concevoir des machines pour l'emballage automatique du sel et du sucre et des machines à laver les légumes. La proposition a été perçue comme infamante et Soukhoï, grâce à quelques appuis au Kremlin, s'est lancé dans l'exportation. Ses avions, très performants, d'un prix nettement inférieur aux avions occidentaux, ont rencontré un grand succès. De 1995 à 2000, Soukhoï s'est installé au premier rang des exportateurs mondiaux d'avions de combat et conserve cette place depuis, déclinant sans cesse de nouvelles versions. L'Inde, qui a acheté 190 Soukhoï-30, fabrique l'appareil sous licence. L'autre grand producteur soviétique, Mig, a semble-t-il bénéficié de moins d'appuis, mais est devenu lui aussi l'un des tout premiers exportateurs mondiaux, notamment vers les marchés ndiens et chinois.

L'ossature du transport militaire russe est constituée d'Iliouchine 76, avion qui – héritage soviétique oblige – est fabriqué uniquement à Tachkent, en Ouzbékistan. Ses succès à l'exportation en tant que cargo sont limités car ses réacteurs ne répondent plus aux normes de pollution de l'OACI. Les motoristes russes travaillent à son rééquipement. Dans un but de rationalisation, les constructeurs russes sont en cours de regroupement dans une holding, OAK (Consortium aéronautique unifié), à dominante publique. Irkout (issu de la privatisation d'une usine du groupe Soukhoï, qui produit des chasseurs Soukhoï-30) et Mig (public) ont déjà fusionné. Soukhoï, Iliouchine et Toupolev doivent rejoindre OAK, mais la question des participations étrangères ralentit le processus.

L'industrie aéronautique civile à la croisée des chemins

Le ballon d'oxygène de l'avion régional. Soukhoï a été chargé du projet d'avion régional russe. Cet appareil, qui doit voler en 2008, sera le premier avion commercial à voir le jour en Russie depuis la chute du communisme.

Ce Superjet 100 (court-courrier de 70 à 100 places) sera assemblé à Komsomolsk-sur-Amour, dans une usine aux normes occidentales en voie d'achèvement. Le choix de cette localisation vient de ce que le marché d'Asie orientale est considéré comme le plus prometteur. Sur le modèle d'Airbus, les éléments viendront de différentes parties du pays. Tous les grands équipementiers occidentaux ont été impliqués, les français, avec Thalès et Safran, étant les mieux représentés. Des filiales de commercialisation ont été créées avec Boeing, Alenia et Aérospatiale.

Soukhoï espère vendre 600 Superjet 100, d'un prix de vente attractif (28 millions de dollars contre 35-40 M$ pour les Embraer et Bombardier). Il devra toutefois compter avec les concurrents chinois et japonais en cours d'élaboration et avec l'Antonov-148, encore moins cher (20 M$) et qui vole déjà. Héritage de l'époque soviétique, la direction d'Antonov se trouve à Kiev, en Ukraine. Toutefois, le montage sera assuré sur deux chaînes, l'une à Kiev, l'autre en Russie, à Voronej. Par ailleurs, la division lourde d'Antonov, avec usines et bureaux d'étude, se trouve à Oulianovsk, en Russie. Elle produit l'An-124, le plus gros avion en service dans le monde (à l'exception de l'exemplaire unique de l'An-225), en attendant l'Airbus-380.

Les capacités de Toupolev et d'Iliouchine, qui assuraient l'essentiel de la gamme de transport soviétique, restent en revanche en jachère.

La recherche d'un partenariat stratégique

Les compétences russes intéressent aussi les constructeurs occidentaux. Boeing a ouvert depuis une décennie un bureau d'études à Moscou qui emploie 1 700 ingénieurs russes. Airbus a ouvert le sien plus récemment. Les motoristes russes, en difficulté car trop nombreux, ont engagé des partenariats avec leurs homologues occidentaux, très intéressés par leur niveau technologique, illustré par la maniabilité sans équivalent des Mig-29 ou Su-30, ou par le nouveau moteur à l'étude pour l'Il-76, qui devrait être le moins polluant au monde dans sa catégorie.

Plus stratégiquement, EADS est entré au capital d'Irkout à hauteur de 10 %, et en mai 2007, l'italien Finmecanica a pris 25 % de Soukhoï. À l'inverse, la Vniechtorgbank russe a fait sensation en rachetant 5 % des actions d'EADS sur le marché en septembre 2006. Elle continuerait à ramasser des actions et aurait 6 à 12 % du capital en juin 2007. L'idée serait l'entrée officielle d'OAK dans le consortium Airbus, dans le cadre d'une forte recapitalisation. Côté russe, comme côtés français et allemand, il s'agit toutefois d'un choix politique. En attendant, Airbus a signé un accord avec Irkout pour la transformation en Russie des A-320 en avions-cargos, et Irkout fournira des pièces pour les A-350 et 380. Aéroflot a acquis des Airbus, mais en même temps des Boeing. Les choix stratégiques ne sont donc pas encore arrêtés.

L'AÉRONAUTIQUE CIVILE : UNE COLLABORATION GÉOGRAPHIQUE

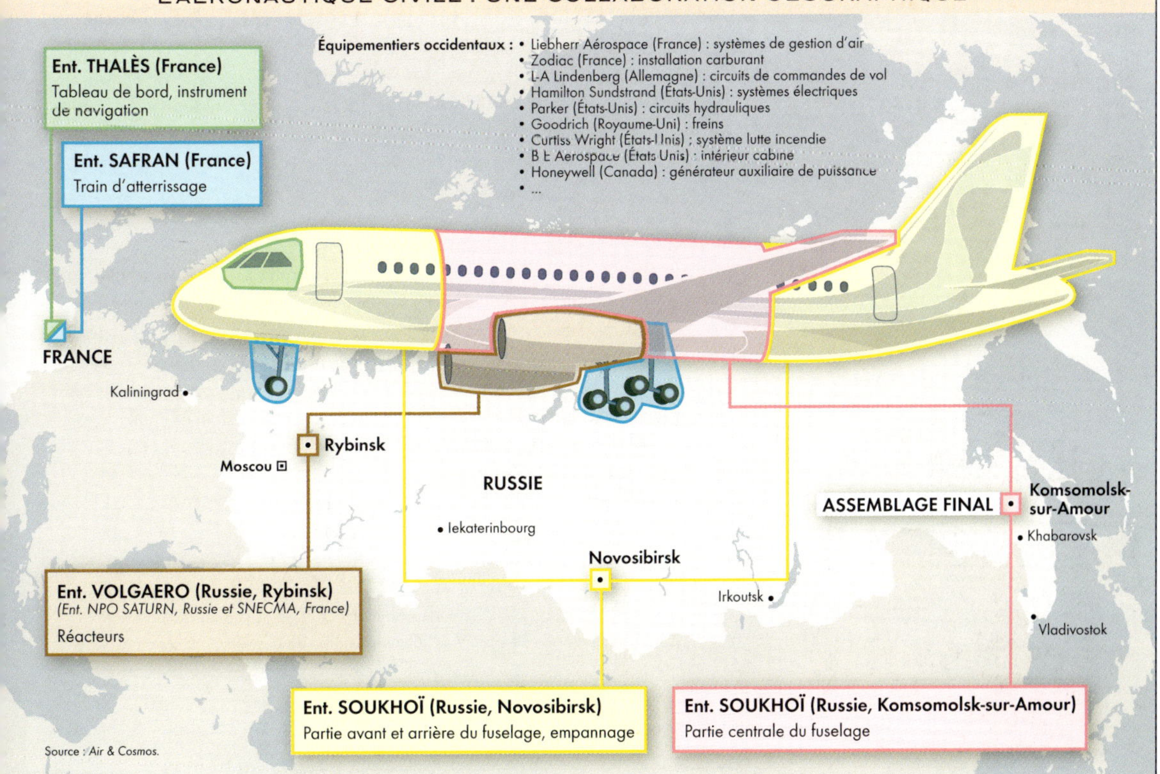

UN INTERVENANT MAJEUR SUR LE MARCHÉ

La demande en pots catalytiques a enfiévré le marché des PGM (platine, palladium et rhodium), dont ils sont un constituant vital. Or, Russie et Afrique du Sud assurent la quasi-totalité de l'offre mondiale. Dans ce marché très tendu, les à-coups inexpliqués de l'offre russe ont été à l'origine de violents retournements des cours. La Russie a par ailleurs conforté son rôle majeur sur les marchés du nickel, de l'aluminium et du titane et désormais sur celui de l'acier, en orientant les surcapacités héritées de l'URSS vers l'exportation. Dans un contexte de hausse généralisée des cours, le « métal venu du froid » fait l'objet de toutes les spéculations.

LE TOUR DU MONDE DE L'ALUMINIUM

DES MÉTAUX

> **“** *La baisse du palladium se précipite.*
> LES ÉCHOS, 7 AVRIL 2003.
>
> *Le palladium gravit de nouveaux sommets.*
> LES ÉCHOS, 24 MARS 2004. **”**

Des entreprises à la recherche d'une dimension mondiale

À la chute de l'URSS, les entreprises productrices de métal, produit négociable en devises sur n'importe quel marché, se sont retrouvées privatisées, dans des conditions souvent opaques. Mûs par des dirigeants en quête de reconnaissance et poussés par un gouvernement qui les incite à acquérir une dimension internationale, les grands groupes russes, fait historique, cherchent aujourd'hui à sortir de leur pré carré. Le plus grand succès a été obtenu par Oleg Deripaska, dirigeant de Rusal, n° 1 de l'aluminium russe. En octobre 2006, il a fusionné son groupe avec Sual, n° 2 russe, et avec les actifs dans l'aluminium du suisse Glencore, pour constituer United Company Rusal, leader mondial du marché (avec 16 % des capacités mondiales d'alumine et 12,5 % de celles de l'aluminium). Ce leadership sera remis en cause par l'aboutissement de la fusion Alcoa-Alcan, mais UCRusal prévoit 1,5 milliard de dollars d'investissement en 2008 pour accroître ses capacités.

Severstal, dirigé par Alexeï Mordachov, n° 1 russe de l'acier, a proposé une association à Arcelor menacé d'OPA en avril 2006. Le refus de certains actionnaires a fait échouer l'offre et fait tomber le groupe français sous la direction exclusive de Mittal. Plus discrètement, Evraz, l'autre géant de l'acier russe contrôlé par Roman Abramovitch, après avoir approché sans succès l'Anglais Corus, a lancé une OPA de 2,3 milliards de dollars sur Oregon Steel, la plus grande OPA russe jamais lancée aux États-Unis.

Depuis août 2006, Avisma (groupe public), leader mondial du titane, métal essentiel dans l'aéronautique, avec un tiers de la production mondiale (fournissant un tiers des besoins de Boeing et 40 % de ceux d'Airbus), est associé dans une *joint-venture* avec Boeing, qui souhaitait sécuriser ses approvisionnements.

Norilsk Nickel, n° 2 mondial du nickel (et des PGM), dirigé par Mikhaïl Prokhorov, a lancé en mai 2007 une OPA sur le canadien Lion Ore, n° 4 mondial, et mène en même temps de grosses acquisitions dans les secteurs électrique et minier en Sibérie.

INDICE DES COURS DE L'ENSEMBLE DES MÉTAUX

Indices Rexecode des cours de l'ensemble des métaux (base 100 en janvier 1988)

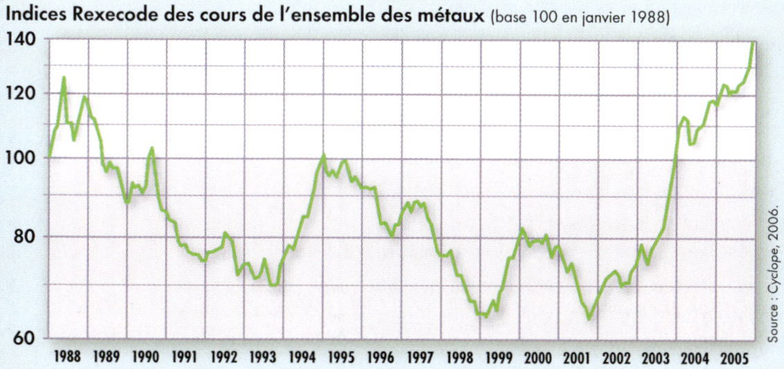

LA RUSSIE, UN ACTEUR DU MARCHÉ MONDIAL

Platine, palladium et rhodium

00 Production mondiale (en milliers d'once troy)
00 Part de la production russe (en %)

• Platine

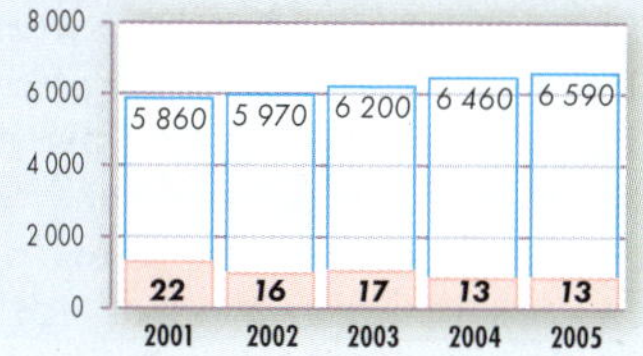

• Palladium

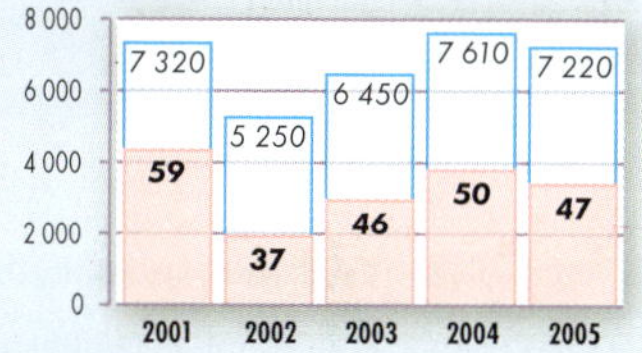

• Rhodium

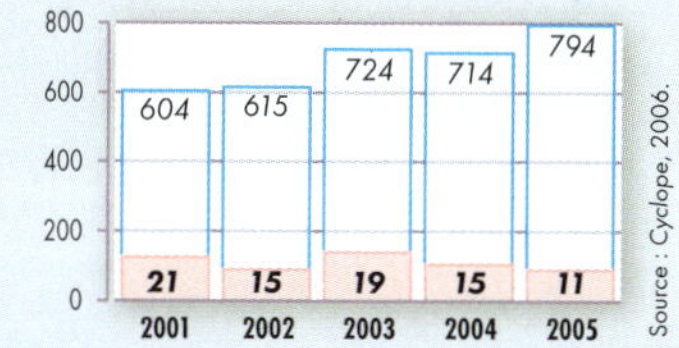

Prix du platine, palladium et rhodium
(en $/once troy)

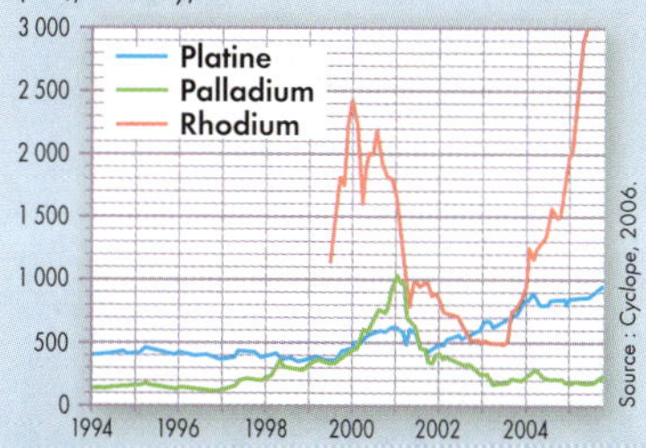

L'aluminium et le nickel russes

00 Production
00 Exportations
(en milliers de tonnes)

• Aluminium La Russie est le deuxième producteur et le premier exportateur

(1) 2004, exportations supérieures à la production par déstockage.
* Le Canada (1 997) était le deuxième exportateur.
** La Chine (7 806) était le premier producteur.

• Nickel La Russie est le premier producteur

*** L'Australie (188) était le deuxième producteur.

LES NOUVEAUX RUSSES

À l'époque soviétique, la « nomenklatura » bénéficiait de tous les privilèges et avait la jouissance de la propriété collective, mais en toute discrétion. Dans la nouvelle Russie, les fortunes ont proliféré, parfois au profit des mêmes, mais elles s'étalent désormais avec ostentation. Pour désigner ces personnages à la fortune vite amassée, la langue russe a acclimaté le terme de nouvorich. Avec le développement rapide d'une classe moyenne et l'intégration des principes du capitalisme dans les mentalités, c'est plutôt le terme de novyi rouskii (nouveau Russe) qui s'impose dans la langue courante.

LA PLACE DES RUSSES DANS LE CLASSEMENT FORBES

- 1995 : aucun Russe dans les 50 plus grandes fortunes du monde.
- 2008 : les 50 plus grandes fortunes dans le monde par pays

États-Unis	20
Russie	**8**
Inde	5
Allemagne	3
France	3
Hong Kong	3
Suède	2
Arabie saoudite	1
Canada	1
Espagne	1
Koweit	1
Mexique	1
Royaume-Uni	1

Rang russe	Prénom NOM	Rang mondial	Fortune (en milliards de $)
1er	Oleg DERIPASKA	9e	28,0
2e	Roman ABRAMOVITCH	15e	23,5
3e	Alexeï MORDACHOV	18e	21,2
4e	Mikhaïl FRIDMAN	20e	20,8
5e	Vladimir LISIN	21e	20,3
6e	Mikhaïl PROKHOROV	24e	19,5
7e	Vladimir POTANIN	25e	19,3
8e	Suleiman KERIMOV	36e	17,5

Source : classement Forbes, 2008.

« ***En septembre 2005, la revue Forbes estimait qu'il y avait 88 000 millionnaires en dollars en Russie, dont 80 % vivant à Moscou. La ville était la deuxième concentration de milliardaires au monde après New York.**** »

Les oligarques

Au nombre de sept, tous issus des *komsomols* (jeunesses communistes), ils sont apparus sur le devant de la scène en 1995 lorsqu'ils prêtèrent quelques centaines de millions de dollars pour financer la campagne d'un Boris Eltsine en perdition dans les sondages et obtinrent en échange des joyaux de l'industrie soviétique pour des sommes dérisoires (gisement de Norilsk, gisements pétroliers, etc). En 2005, trois d'entre eux sont en prison (Khodorkovski) ou en exil (Goussinski et Berezovski), mais on compte une cinquantaine de milliardaires en dollars à la tête de l'économie russe, dont dix figurent dans la *short-list* des 50 plus grandes fortunes mondiales. Accusés d'avoir privatisé à leur compte la propriété publique, ils se défendent en expliquant qu'ils ont pris tous les risques à une époque où le capitalisme n'avait aucun fondement en Russie, que sans eux l'industrie russe aurait totalement sombré et que c'est grâce à leur action que l'économie russe a retrouvé le niveau qui est le sien aujourd'hui.

L'ascension de la classe moyenne

« Alors que des pans entiers de l'économie s'ouvraient au marché, des milliers de militaires, d'ingénieurs ou d'universitaires ont bâti de nouveaux business », explique Michel Bricout, ancien patron de la Société générale en Russie (dans *Capital*, n° 184, janvier 2007). Ainsi, le numéro 1 local de la saucisse, Vadim Dymov, est un ex-soldat de l'Armée rouge. La première chaîne de clubs de sport du pays, World Class, a été montée par une ancienne professeur de gymnastique, Olga Slutskaïa. Arkady Novikov, ancien cuistot de 38 ans, est aujourd'hui à la tête de 47 établissements, temples du *chic fooding*, etc. Les oligarques ont fait des émules. Ayant explosé avec le secteur des services, presque inconnu en URSS, nourrie par le produit des rentes minières et les succès à l'exportation des entreprises russes, employée auprès des succursales d'entreprises occidentales qui prolifèrent en Russie, la classe moyenne, à peu près inexistante en 1992, compte aujourd'hui une trentaine de millions de personnes.

Les destinations touristiques

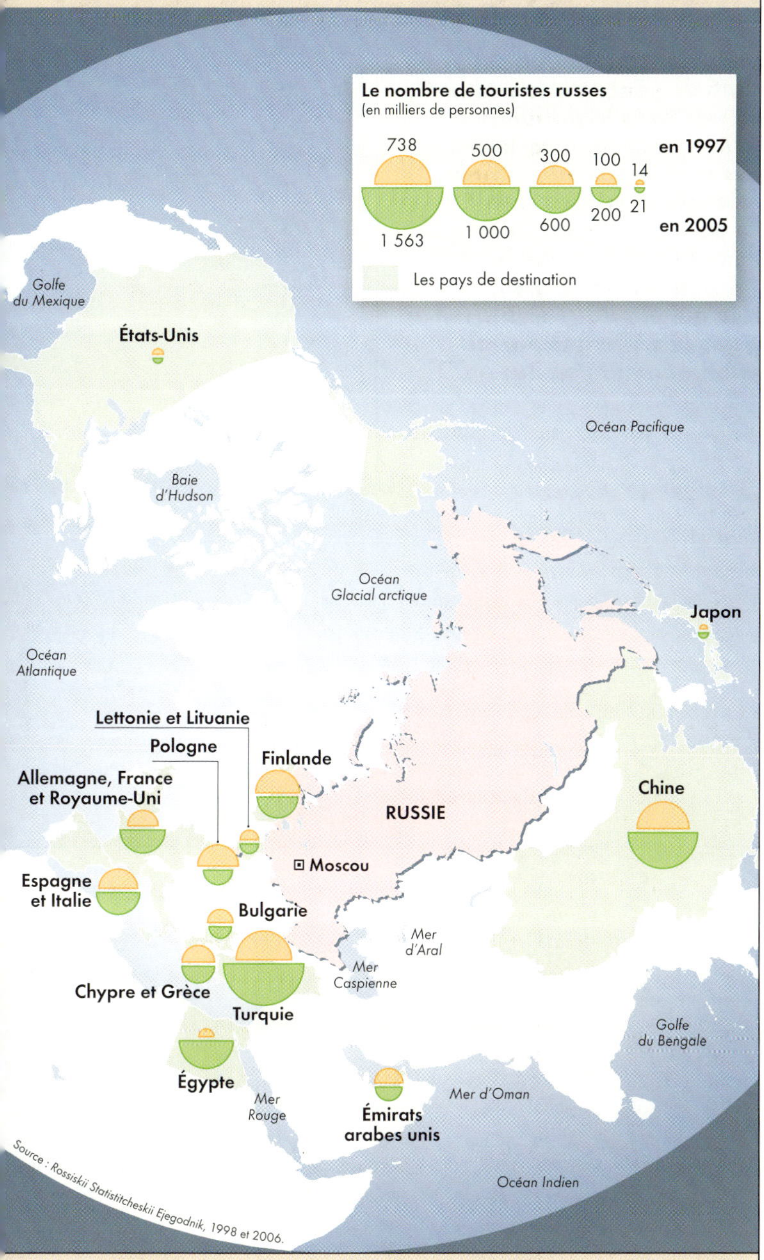

De plus en plus de touristes

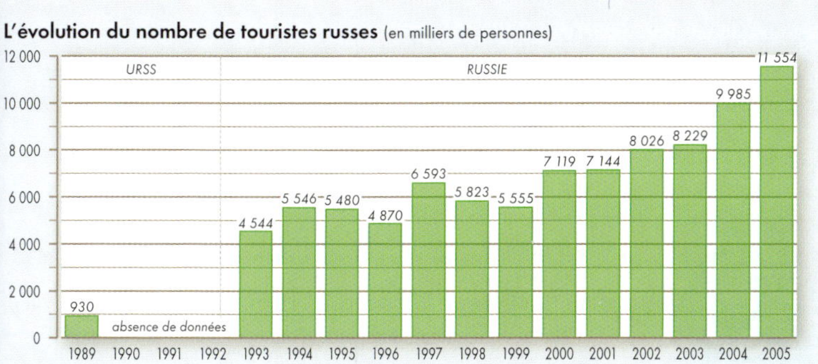

Sources : Narodnoïe Khozraïstvo SSSR, 1989 ; Rossiskii Statistitcheskii Ejegodnik, 2000, 2005 et 2006.

Du commerce de valise à Val-d'Isère

Le tchelnok. Avec l'ouverture des frontières, dans un contexte de pénurie des produits de consommation aux standards occidentaux, des millions de personnes se sont improvisées « voyageurs de commerce ». Elles vont à l'étranger, achètent des produits qu'elles rapportent dans leurs valises et revendent sur le marché russe, dégageant un bénéfice, puis elles repartent à nouveau, parfois avec des commandes précises. On les surnomme *tchelnok*, terme de l'industrie textile qui désigne la « navette », une pièce qui se déplace sans arrêt. Leur activité est facilitée par la loi qui autorise le passage de la frontière sans droits de douane jusqu'à 2 000 dollars de marchandises. En 1997, on estimait que cette activité faisait vivre 10 millions de personnes en Russie et portait sur une dizaine de milliards de dollars (l'équivalent de 20 % des importations officielles du pays). Certains travaillent sur des produits de luxe, acquis dans de grandes villes mondiales, mais les plus gros effectifs travaillent sur des produits de consommation courante acquis dans les pays voisins (Turquie, Finlande, Pologne, Chine). Ce phénomène se réduit mais reste important, comme en témoigne la carte des destinations des « touristes » russes. Cette activité reste tout particulièrement développée dans les zones frontalières du pays.

Des touristes remarqués. Dans la seconde moitié des années 1990, les touristes russes ont fait leur apparition sur les lieux touristiques huppés. Ils constituent aujourd'hui une partie importante de la clientèle des grandes stations de sport d'hiver des Alpes (avec une prédilection pour Courchevel, Val-d'Isère et Saint-Moritz) en hiver, et de la Côte d'Azur, du littoral sarde ou espagnol, en été. Leur présence est particulièrement appréciée par le commerce local, en raison de la propension de ces touristes très aisés à dépenser sans compter.

LES INVESTISSEMENTS ÉTRANGERS

De 1992 à 1999, les investissements étrangers ont boudé la Russie, au profit de l'ex-Europe de l'Est ou de la Chine. Le marché russe paraissait modeste et la stabilité politique mal assurée. Le rétablissement de l'autorité de l'État est venu sécuriser l'investissement au moment où la flambée du cours des matières premières créait un effet de richesse attractif. Le gouvernement obtint par ailleurs des oligarques qu'ils réinvestissent dans le pays les capitaux expatriés (100 à 400 milliards de $ sortis de Russie entre 1992 et 2000), ce qui explique la présence du Luxembourg, de Chypre ou des îles Vierges parmi les origines principales des investissements en Russie.

Un flux d'investissements d'abord timide

Les pionniers ont rencontré deux obstacles qui, bien qu'atténués, subsistent encore. Le premier est la corruption de l'administration. Il est ainsi parfois difficile pour les entreprises d'obtenir de l'administration les autorisations pour mener leur activité. En 2004, Bonduelle affirmait avoir dû obtenir 48 autorisations pour pouvoir ouvrir son usine mais, quelques années auparavant, Renault avait dû en obtenir 236. L'activité est ensuite soumise à de nombreux contrôles (pompiers, services sanitaires, douaniers, fiscaux, etc.). Entre les services fédéraux et locaux, une entreprise peut être surveillée par trente services différents qui peuvent contrôler le même point autant qu'ils le veulent. Un organisme de recherche en sociologie a ainsi relevé en 1997 le cas d'une entreprise (russe) contrôlée 39 fois en un mois par le seul service de la médecine du travail. Tous ces contrôles et autorisations sont l'occasion de pots-de-vin. Des lois de 2001 et 2002 en ont réduit le nombre, mais la corruption de l'administration est encore citée par la Berd (Banque européenne pour la reconstruction et le développement) comme frein à l'investissement.

L'autre obstacle souligné est l'incertitude juridique, la difficulté pour un acteur économique d'obtenir une décision judiciaire en cas de non-application d'un contrat et, plus encore, à obtenir l'exécution de cette décision. L'établissement de l'État de droit et son entrée dans les mœurs ont encore à progresser. (*Les Échos*)

ÉVOLUTION DU VOLUME D'INVESTISSEMENTS

Les investissements étrangers
(en milliards de $)

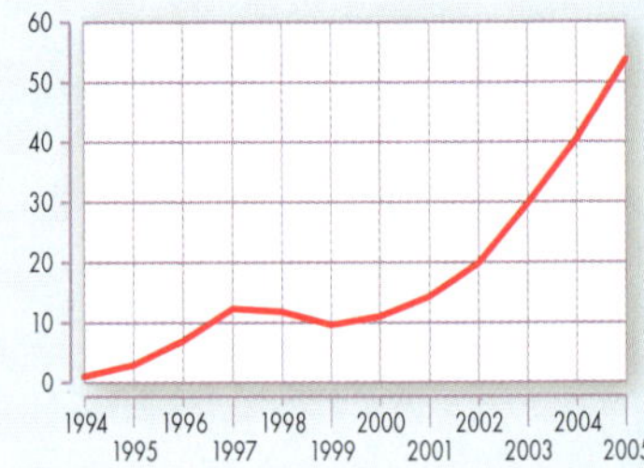

Source : *Rossiskii Statistitcheskii Ejegodnik*, 1995, 2000, 2005 et 2006.

PRINCIPAUX INVESTISSEURS ÉTRANGERS

Les stocks d'investissements étrangers au 01/01/2006

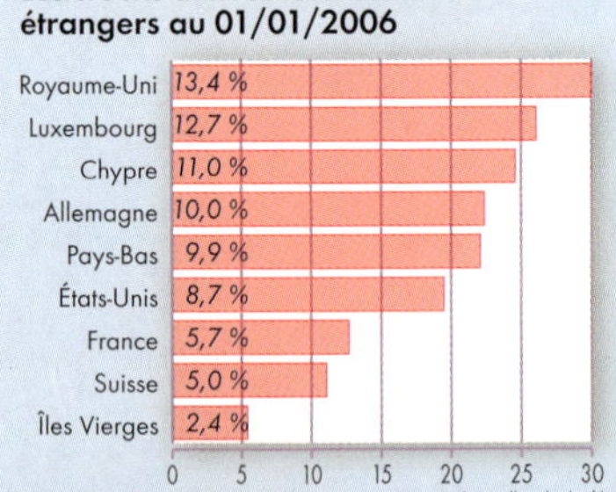

Source : *Rossiskii Statistitcheskii Ejegodnik*, 2006.

> *Le chômage a été divisé par deux et le niveau de vie a triplé depuis 2000. Alléchées par ce boom, les entreprises étrangères débarquent en masse dans la distribution, la banque ou l'automobile.*
> CAPITAL, n° 184, JANVIER 2007.

LES DOMAINES D'INVESTISSEMENT

La répartition structurelle des investissements
(en milliards de $)

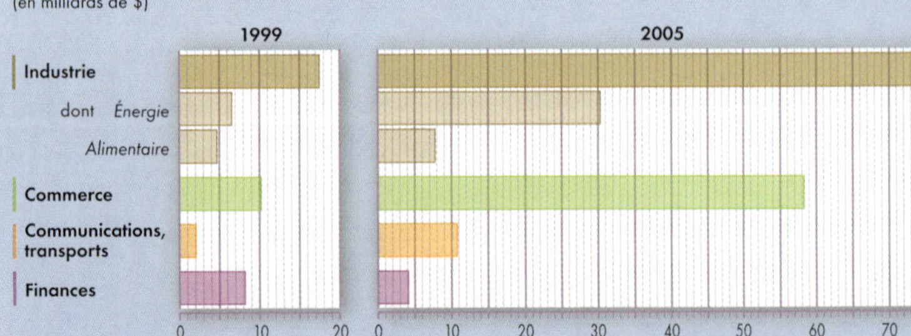

Source : *Rossiskii Statistitcheskii Ejegodnik*, 2000 et 2006.

L'ÉVOLUTION DE LA RÉPARTITION GÉOGRAPHIQUE

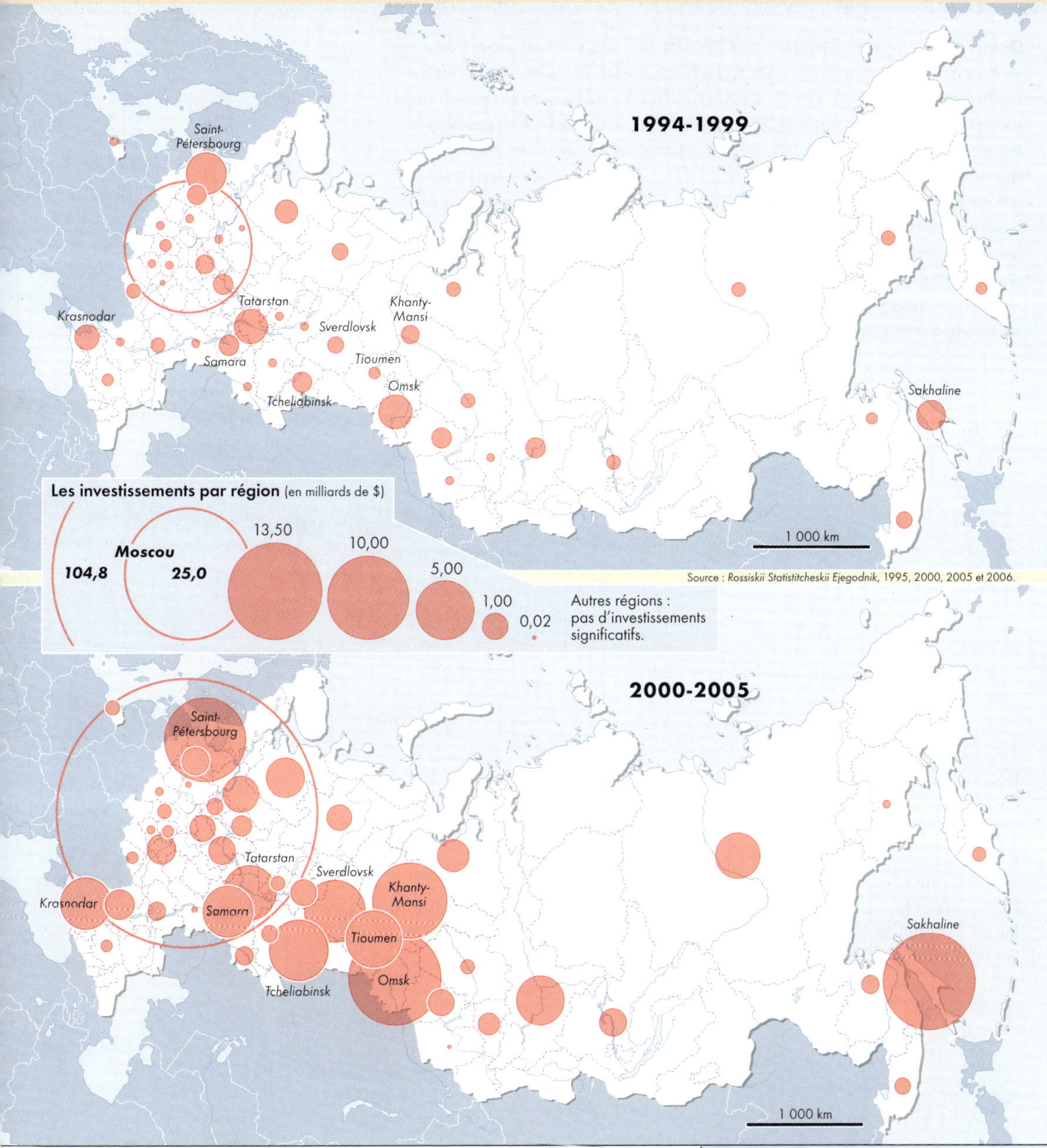

Source : *Rossiskii Statistitcheskii Ejegodnik*, 1995, 2000, 2005 et 2006.

L'eldorado de l'automobile

Le marché russe, 2 millions de véhicules neufs chaque année et un fort taux d'expansion, attire les regards. L'industrie nationale ne produit en effet que 1 million de véhicules par an, pour un tiers exporté. Pourtant, en 2002, les constructeurs étrangers n'avaient assemblé que 11 000 véhicules en Russie. En 2004, on atteignait 125 000 unités (Ford et General Motors). L'assemblage était découragé par l'importation de véhicules d'occasion et les taxes sur les pièces importées.

La décision du gouvernement de quadrupler les taxes sur les véhicules d'occasion importés et de supprimer celles qui frappaient les composants destinés à l'assemblage a eu des effets foudroyants. Aujourd'hui, tous les grands constructeurs ont mis en route une usine en Russie (Renault, Volkswagen, Toyota, Kia), y finalisent leur implantation prochaine (Peugeot, Nissan et les Chinois Cherry, Geely et Great Wall) ou renforcent leur présence (Ford, Fiat). (*Les Échos*)

UNE EXPANSION GÉOGRAPHIQUE

Si Moscou continue d'accueillir nombre d'investissements étrangers, la vague actuelle s'étend en nappe vers les bassins industriels et les villes millionnaires de la moyenne Volga, de l'Oural et de la Sibérie méridionale. Ce mouvement accompagne celui des secteurs du commerce de distribution et de l'industrie hors énergie. Les investissements dans les hydrocarbures ne sont massifs qu'à Sakhaline et dans les Khanty-Mansi.

LE CONTRÔLE DU TERRITOIRE (I) : LA « RE

En URSS, le parti unique dirigeait le pays et la société. La planification s'imposait aux entreprises, toutes aux mains de l'État. Le Parti contrôlait tous les services d'État, nommait à toute fonction, surveilllait tous les médias, le syndicat unique, toutes les associations. Il n'existait aucune société civile hors de l'État-Parti. Dans toutes les subdivisions administratives, le premier secrétaire du Parti était l'œil de Moscou. Il contrôlait toutes les administrations, toutes les activités de la société, et désignait les candidats à tout poste de responsabilité. La chute du Parti en août 1991 signifia donc la disparition de l'organisateur unique de la société.

L'HÉRITAGE SOVIÉTIQUE

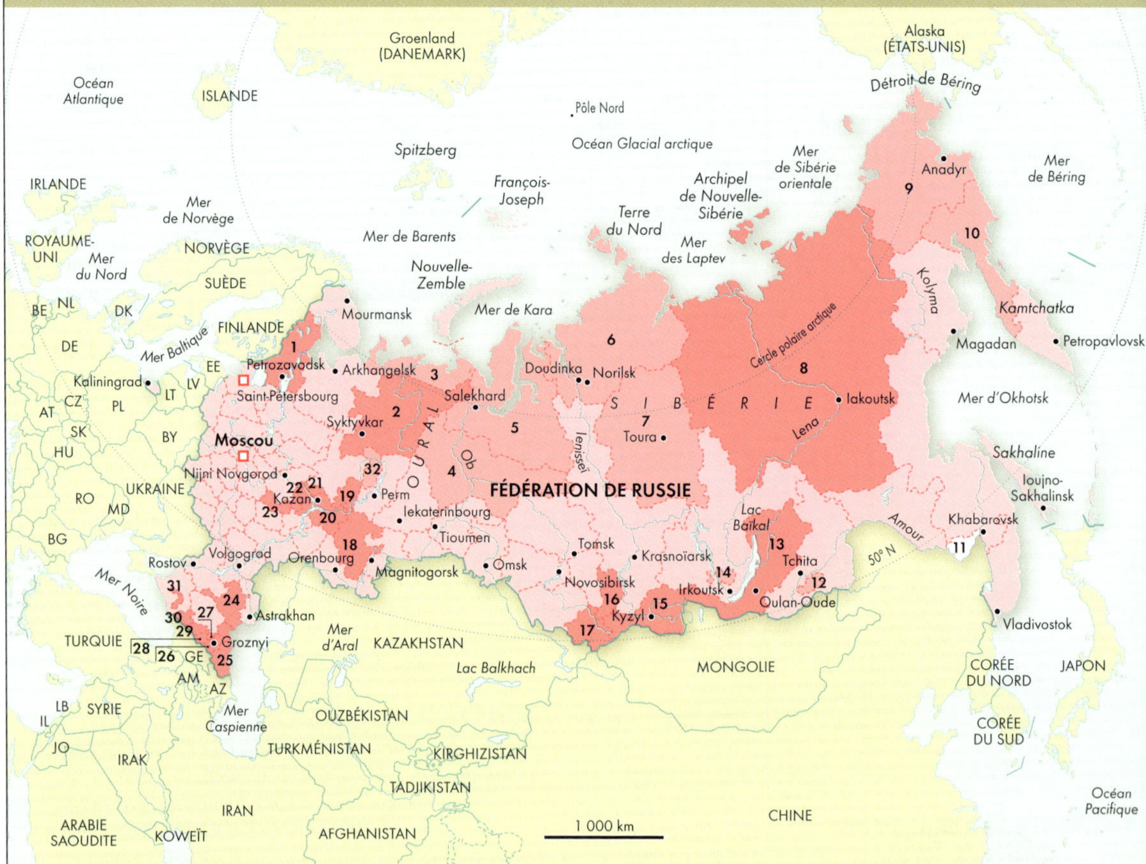

Les 89 « sujets » de la structure administrative de la Russie (situation à partir de 1993, fixée par la Constitution)

- Républiques autonomes *(21)*
- « Districts » autonomes *(10)*
- *Oblast* (régions) et *kraï* (territoires) *(55)*
- *Oblast* autonome *(1)*

Républiques, districts et oblast autonomes

1. Carélie
2. Komis
3. Nenets
4. Khanty-Mansi
5. Iamalo-Nenets
6. Taïmyr
7. Evenks
8. Iakoutie-Sakha
9. Tchoukotka
10. Koriaks
11. *Oblast* autonome juive
12. Aguinski-Bouriatie
13. Bouriatie
14. Oust-Ordynski-Bouriatie
15. Touva
16. Khakassie
17. Altaï
18. Bachkortostan
19. Oudmourtie
20. Tatarstan
21. Mari-El
22. Tchouvachie
23. Mordovie
24. Kalmoukie
25. Daghestan
26. Tchétchénie
27. Ingouchie
28. Ossétie du Nord
29. Kabardino-Balkarie
30. Karatchaïs-Tcherkesses
31. Adyghés
32. Komis-Permiaks

Villes à statut fédéral *(Moscou et Saint-Pétersbourg)*

AM	Arménie	DK	Danemark	LV	Lettonie
AT	Autriche	EE	Estonie	MD	Moldavie
AZ	Azerbaïdjan	GE	Géorgie	NL	Pays-Bas
BE	Belgique	HU	Hongrie	PL	Pologne
BG	Bulgarie	IL	Israël	RO	Roumanie
BY	Biélorussie	JO	Jordanie	SK	Slovaquie
CZ	Rép. tchèque	LB	Liban		
DE	Allemagne	LT	Lituanie		

Note : pour les noms des *oblast* et *kraï*, reportez-vous à la carte générale de la Russie en pages 74-75.

FÉODALISATION » POSTSOVIÉTIQUE

Un difficile contrôle des régions

En l'absence de partis politiques et de toute société civile, Boris Eltsine, élu au suffrage universel à un poste de président qui n'existait pas dans la Constitution de 1977, a créé dès août 1991 le poste de gouverneur, chargé de diriger l'administration dans les *oblasts* (p. 74-75). Dans les républiques autonomes, il a confié ce rôle aux présidents élus (d'époque soviétique). Ces chefs d'administration, tous anciens tchinovniks du Parti, car il n'existait pas d'autres cadres, étaient censés être les relais du pouvoir sur le terrain. Ils reçurent pour cela le droit de privatiser une partie de la propriété publique. Confrontés à un séisme sociétal, à une inflation déchaînée (2 500 % en 1992, 970 % encore en 1993), ils se tournèrent vers leurs réseaux clientélistes d'époque soviétique et utilisèrent ce droit pour renforcer ces derniers. Maîtres des administrations régionales, chargés de la collecte de l'impôt, ils prétextèrent très vite l'effacement de l'État central pour en séquestrer une part grandissante... à mesure que le centre, privé de moyens, se montrait défaillant. Pire, confronté à une Douma dominée par les anciens communistes et hostile aux réformes, Eltsine, dans la Constitution de 1993, créa une seconde assemblée chargée de faire contrepoids : la Chambre haute ou Sénat. Gouverneurs et présidents de républiques autonomes y siègeaient de droit. Leur vote donnait une légitimité aux décrets pris par le président Eltsine, mais celui-ci était contraint à d'incessantes concessions.

Une fédération de fiefs féodaux

Les chefs d'administration obtinrent une concession majeure, le droit de se faire élire au suffrage universel, échappant ainsi à toute destitution par le centre. Leur siège au Sénat leur conférait par ailleurs l'immunité parlementaire, les mettant à l'abri de la justice.

DES RÉGIONS AUX MAINS DE POTENTATS. Avec une intensité variable selon le moment et selon la région, on observa alors une dérive générale du pouvoir régional, les chefs d'administration tendant à transformer leurs régions en fiefs. Beaucoup réussirent à maintenir les médias locaux sous leur contrôle (ailleurs cependant, des médias se comportaient en opposants virulents). Partout, ils prirent le contrôle des combinats régionaux de denrées de base (pain, lait, vodka) et privatisèrent l'essentiel de l'appareil commercial, au profit de leur clientèle ou parenté. Ils prirent parfois le contrôle d'usines. Beaucoup établirent un contrôle des prix, totalement illégal. Lors du krach de 1998, 40 des 89 « sujets » qui composaient alors la Fédération de Russie l'avaient fait. La transformation des limites de « sujet » en « frontières », avec établissement de douanes et interdiction de sortie de certains produits, comme le blé, fut également très pratiquée.
L'opacité était la règle pour tout appel d'offre de l'administration, quand il y en avait. Les chefs d'administration ont au total perpétué l'économie administrée soviétique. Comme l'indique le rapport Mac Kinsey de 1999, en subventionnant et favorisant des entreprises obsolètes, ils bloquaient la restructuration de l'industrie russe. Leur administration empêcha aussi l'application des décrets sur l'agriculture, jouant un rôle important dans l'échec des fermes individuelles.

LE CENTRE PLIE MAIS NE ROMPT PAS. Dépendant de leur appui au Sénat face à la Douma hostile, Boris Eltsine assista à la transformation des « sujets » en fiefs régionaux. Il décida d'instaurer des relations bilatérales avec chaque « sujet », conformément d'ailleurs à leur souhait. Les règles, comme la répartition des impôts entre centre et « sujet », devinrent ainsi objets de négociation, le centre ne cédant pas face à des « sujets » faibles et assouplissant la règle tout en cherchant à céder le minimum face à des « sujets » riches. Comme le centre avait veillé à maintenir des statuts inégaux (dans la Constitution, les républiques autonomes ont plus de droits que les *oblasts*), cette pratique entretint rivalités et jalousies, si bien que le centre n'a jamais eu de front uni face à lui. Il parvint ainsi à maintenir un minimum d'autorité et à préserver l'unité du pays, un temps menacée par les projets à connotation séparatiste de certains potentats locaux s'imaginant à la tête de républiques de l'Oural ou de Sibérie. Les « sujets » multiplièrent toutefois décrets et dispositions non conformes à la Constitution. On vit même la Kalmoukie remplacer la loi fédérale par le Code de la steppe ! Lors du krach de 1998, les pratiques interventionnistes des chefs d'administration atteignirent leur sommet. Le pouvoir central ne contrôlait plus le territoire, plus aucun « sujet » n'étant en conformité avec la loi fédérale.

« ***Les gouverneurs ont reconquis les pouvoirs et les administrations qui leur avaient échappé. Rares sont ceux qui souhaitaient une limitation du pouvoir ou des monopoles.*** »
M. AFANASIEV, *POLIS*, n° 6, 1994.

LE CONTRÔLE DU TERRITOIRE (II) : RÉÉ

Si Evgueni Primakov, nommé premier ministre après le krach d'août 1998, est le premier chef de gouvernement à faire du « rétablissement de la verticale du pouvoir » un objectif majeur, il n'a pas les moyens de mener cette politique. C'est la victoire du Parti du président aux élections législatives de 1999, emmené par Vladimir Poutine, qui inverse le rapport des forces. Après les défaites écrasantes des législatives de 1993 et 1995, pour la première fois, le Parti du président peut réunir une majorité à la Douma. La caution du Sénat n'est plus nécessaire. Profitant de la situation favorable, Boris Eltsine démissionne, laissant le champ libre à son dauphin.

Le rétablissement éclair de la verticale du pouvoir

Appuyé sur une majorité à la Douma, fort de sa victoire au premier tour des élections présidentielles de mars 2000 (53 % des voix, contre 29 % pour le candidat suivant, Guenadi Ziouganov), Vladimir Poutine, encore inconnu à la mi-août 1999, lors de sa nomination au poste de premier ministre, a pu agir.

LA CRÉATION DE DISTRICTS FÉDÉRAUX. En mai 2000, les 89 « sujets » sont assemblés dans sept districts (*okroug*) fédéraux, une nouvelle subdivision administrative. À leur tête est nommé un « représentant plénipotentiaire du président », plus connu sous son acronyme russe de *polpred*. Cette structure ne coiffe pas les « sujets » sous son autorité. La fonction du *polpred* et de sa modeste administration est seulement de vérifier la conformité des lois et règlements adoptés dans les « sujets » à la Constitution fédérale. Les résultats chiffrés sont spectaculaires : en 2004, dans le seul *okroug* fédéral Sud, 4 138 actes législatifs illégaux ont été amendés, mais il est précisé que la plupart de ceux qui restent en vigueur ne sont pas conformes à la Constitution. Le *polpred* doit également remettre sous contrôle d'État les services fédéraux que certains gouverneurs avaient annexé à leur administration. La tâche est donc considérable et se poursuit encore.

LA RÉDUCTION DE LA MARGE DE MANŒUVRE DES CHEFS D'ADMINISTRATION. En juin 2000, après avoir fait adopter par la Douma une loi permettant de limoger un gouverneur pour faute grave, le gouvernement soumet un projet remplaçant les chefs d'administration par un représentant de l'administration régionale au Sénat. Menacés de votes écrasants à la Douma, ils acceptent de ne plus être membres du Sénat, en échange de la possibilité de nommer leur représentant. Ils obtiennent aussi la création d'un Conseil d'État dont ils seraient membres. Consultatif, cet organisme leur permet néanmoins de maintenir un contact direct avec le président et l'administration présidentielle, ce qui permet un jeu d'influence. Cependant, en ne siégeant plus au Sénat, ils perdent l'immunité parlementaire ; ce qui pour eux constitue une lourde menace.

LA FIN DE L'ÉLECTION DES GOUVERNEURS. C'est à la suite de la tragédie de Beslan de septembre 2004 que le président, arguant de l'incapacité des autorités régionales à contrôler leur territoire, a fait adopter une loi rétablissant la nomination des chefs d'administration. La mesure n'a pas provoqué l'ire des intéressés, dont certains avaient d'ailleurs épuisé le nombre de mandats consécutifs autorisé.

1998-2007: CALENDRIER DU RÉÉQUILIBRAGE

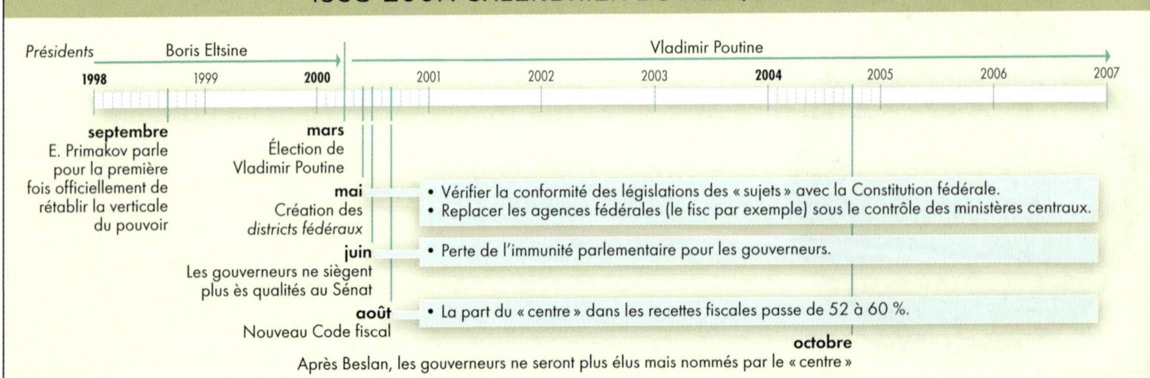

QUILIBRAGE OU RECENTRALISATION ?

L'EMBRYON D'UNE RÉORGANISATION ADMINISTRATIVE

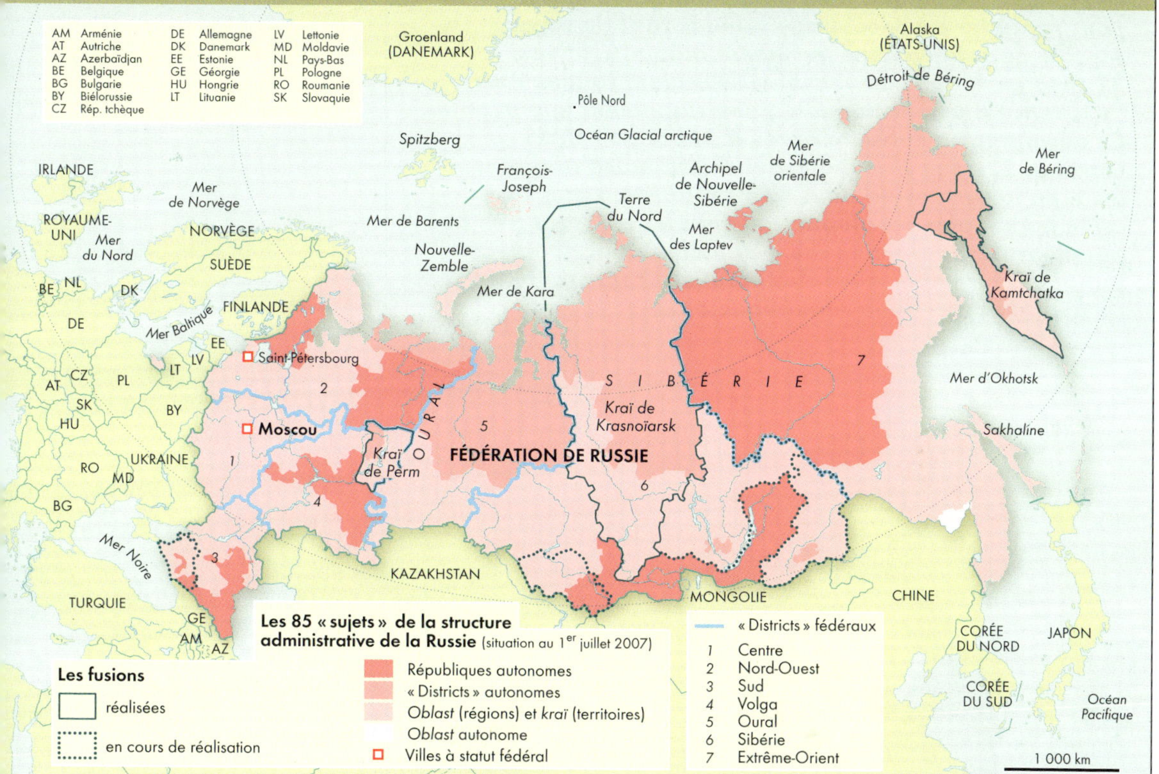

Le contrôle territorial est-il assuré ?

LA NOMINATION COMME SOLUTION DU PROBLÈME ? De nombreux chercheurs ont émis des doutes sur l'efficacité de nommer des chefs d'administration pour contrôler le territoire. Les mêmes craintes ont été exprimées dans l'opposition libérale, très déçue de cette mesure. Tant que l'État de droit n'a pas vraiment été établi, les réseaux clientélistes quadrillent *de facto* le territoire. S'appuyer sur quelqu'un qui connaît bien ces réseaux locaux peut être efficace sur le strict plan du contrôle territorial. L'ancien gouverneur est alors la personne idoine. À l'inverse, la « rotation des cadres », déjà pratiquée à l'époque soviétique pour essayer de résoudre le même problème, n'est pas vraiment une solution puisque le nouveau venu est dans un premier temps inefficace en raison de sa méconnaissance des réseaux. Ultérieurement, la seule question est de savoir au bout de combien de temps le nouveau venu est intégré aux réseaux en place. Vladimir Poutine a donc été obligé de se tourner vers les hommes de terrain et, fin 2005, sur 32 nominations déjà prononcées, 23 anciens gouverneurs avaient été choisis. Tant que le clientélisme et son corollaire la corruption continueront à régner en Russie, les pouvoirs locaux continueront à s'efforcer de contrôler les médias, les prix, à détourner les impôts locaux, à disposer des marchés publics, qu'il soient élus ou nommés. Seul le progrès du droit est en mesure de faire reculer le clientélisme. Or, en ce domaine, la nomination ne règle rien.

QUEL RÔLE POUR LE DISTRICT FÉDÉRAL ? Les districts fédéraux restent des regroupements sans attribution administrative précise. La seule mission nouvelle qui a été confiée au *polpred* a été celle de conseiller le président de la République dans le choix du gouverneur depuis que ceux-ci sont nommés. Les grandes villes, sièges des districts fédéraux, ne semblent pas non plus destinées à devenir des métropoles d'équilibre dans l'espace russe, sauf si, comme Iekaterinbourg, les autorités municipales mènent une politique d'équipement orientée en ce sens.

« ***Le président de la Russie est capable de faire adopter pratiquement n'importe quelle décision. Néanmoins, il ne peut s'assurer de son exécution.*** »

P. CHTCHEDROVSKI, *EXPERT*, 8 DÉCEMBRE 2003.

Un État multinational

Le système soviétique a en partie utilisé les nationalités pour procéder au découpage administatif du pays. Au côté de subdivisions purement administratives, 32 circonscriptions de statut varié étaient fondées sur l'existence d'une nationalité numériquement importante. Ce découpage a subsisté après la chute de l'URSS (carte p. 22). Les 32 subdivisions nationales couvrent 56 % de la surface du pays, mais n'abritent que 18,4 % de la population. La plupart, surtout à l'est, sont très peu peuplées. Dans certains cas, l'appellation nationale est purement formelle. Ainsi, les Caréliens représentent 9,2 % de la population de la république autonome de Carélie.

Composition ethnique de la population russe

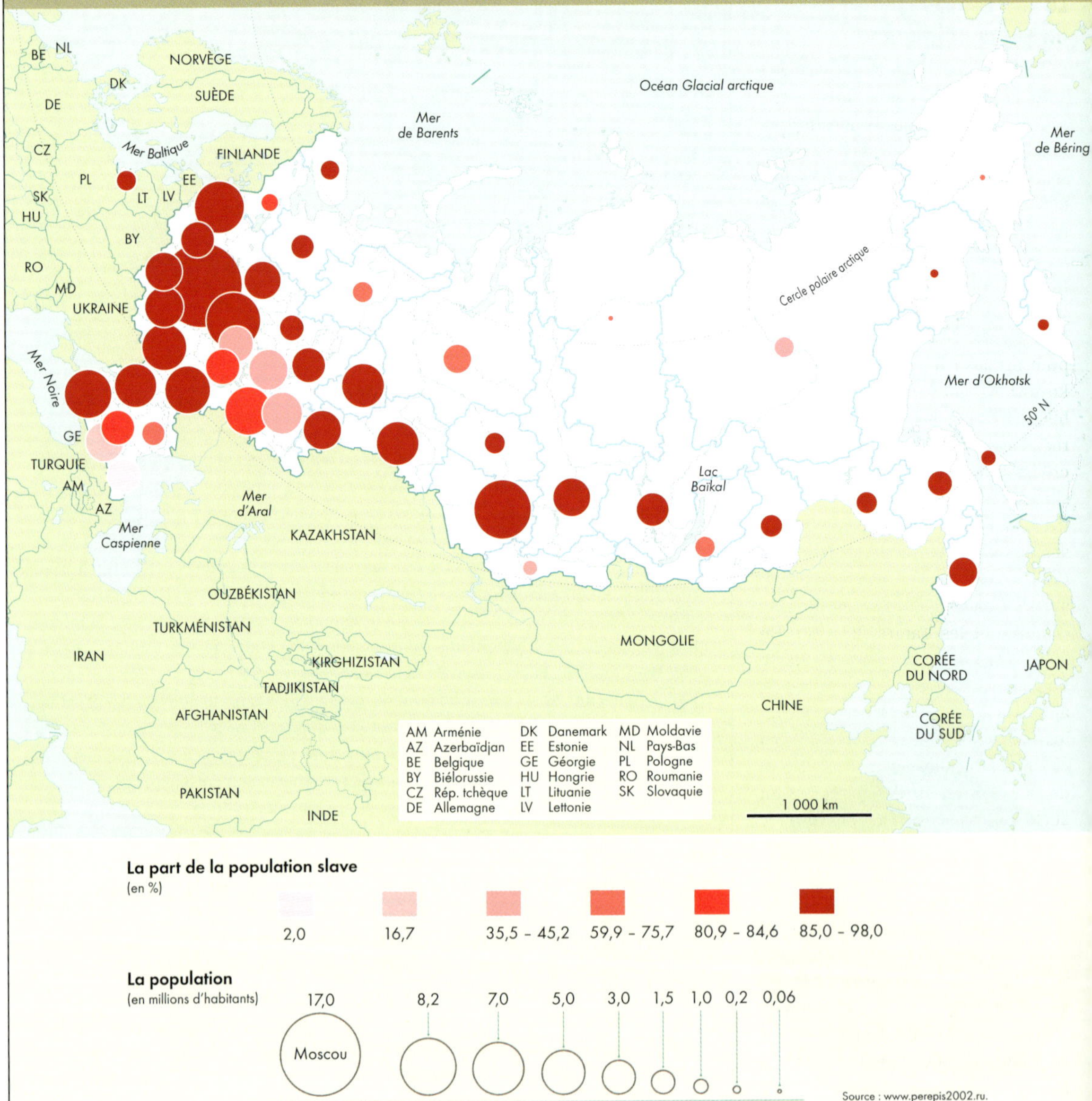

> **“ *Le recensement de 2002 dénombre 153 nationalités, en se limitant aux groupes nationaux dont les racines sont en Russie et aux groupes des pays limitrophes (Coréens, Finlandais, Kazakhs, etc.).** ”*

Le recensement, un enjeu politique

L'URSS se flattait de la diversité des peuples fraternellement unis en son sein et considérait que la question nationale appartenait au passé. Le recensement de 1989 a donc fourni des données fiables sur les répartitions nationales.

La fiabilité du recensement de 2002 est en revanche douteuse. Dans les territoires autonomes, la part de nationaux est devenue un enjeu vital pour les autorités locales. Le Bachkortostan, où le président de la République autonome a donné l'ordre aux recenseurs de « porter la part de Bachkirs à 30 % » pour « préserver la souveraineté de la République », fait figure de cas extrême. Selon le recensement de 1989 en effet, les Bachkirs (21,9 %) ne se plaçaient qu'en troisième position, après les Russes (39,3 %) et les Tatars (28,4 %). En 2002, les résultats ont porté les Bachkirs au second rang, avec 29,8 %, après les Russes (36,3 %), mais devant les Tatars (24,1 %). Le nombre de Bachkirs au Bachkortostan serait passé de 863 808 en 1989 à 1 221 302 en 2002, soit un accroissement de 41 % en treize ans. Puisqu'on n'a pas observé de retour massif de Bachkirs vers leur république, il s'agirait uniquement d'une croissance naturelle, ce qui est physiologiquement impossible. Le groupe tatar a quant à lui régressé de 1 120 702 représentants en 1989, à 990 702 en 2002, alors qu'il est en progrès démographique partout en Russie.

ÉVOLUTION DE LA RÉPARTITION ETHNIQUE DE 1959 À 2002

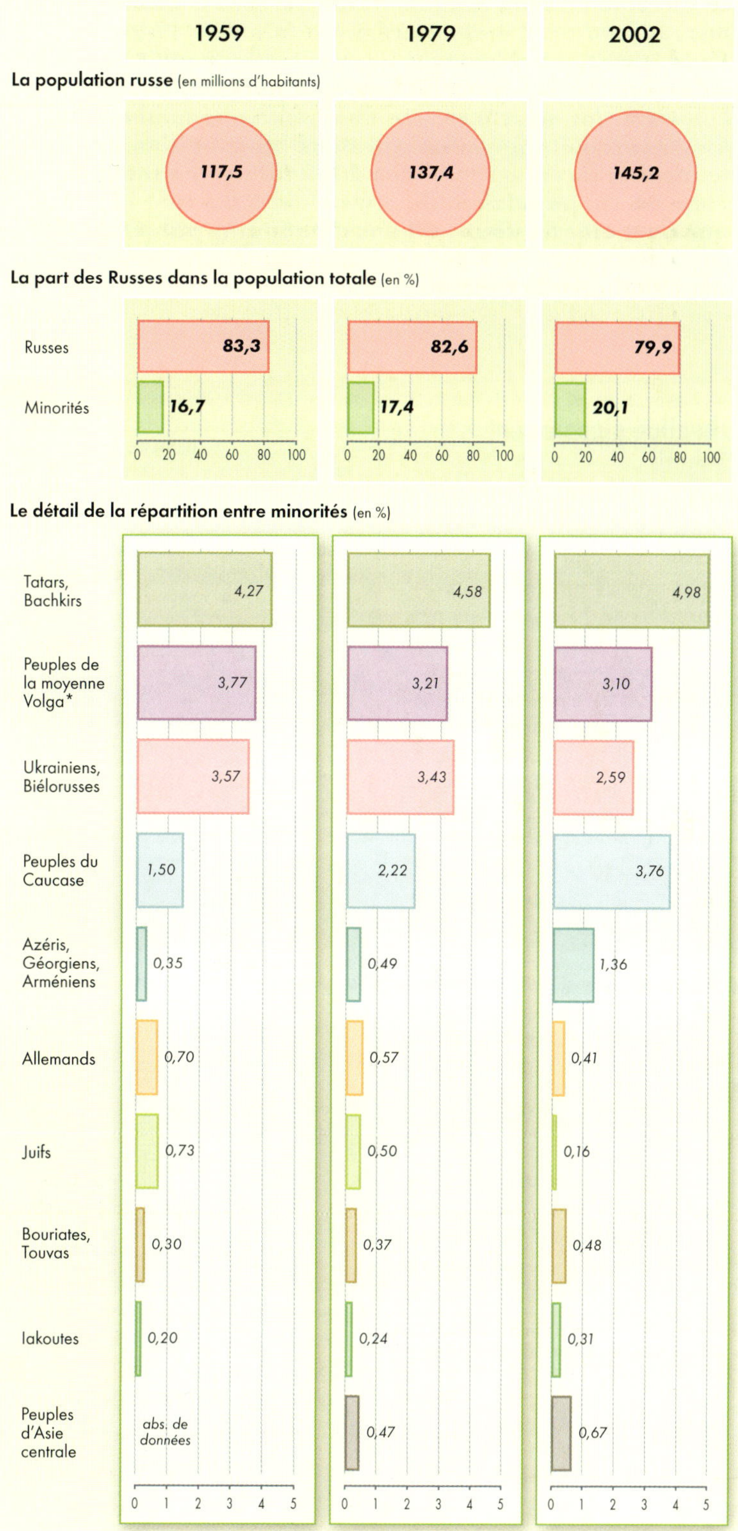

* Mordves, Tchouvaches, Maris, Oudmourtes, Komis

Sources : *Natsionalnyi Sostav nasielienia SSSR* v. 1989 ; www.perepis2002.ru.

UNE ÉVOLUTION DÉMOGRAPHIQUE INQU

En 1992, le nombre total de décès a dépassé celui des naissances. C'était la première fois dans l'histoire de la statistique démographique que l'on voyait, à l'échelle d'un pays et en temps de paix, les décès surpasser les naissances.Or, depuis, ce phénomène s'est reproduit chaque année. Dans ces conditions, le résultat du recensement de 2002 fut une bonne surprise : la population du pays n'avait baissé que de moins de deux millions d'habitants par rapport au recensement de 1989. Le solde migratoire, très positif, est à l'origine de cette évolution.

Un bilan globalement négatif

Entre 1992, première année de décroissance démographique, et la fin de 2001, l'excédent cumulé des décès sur les naissances a réduit la population russe de 7,7 millions de personnes. Si le recensement de début 2002 n'a pas enregistré une telle déperdition, mais une perte de « seulement » 1,8 million d'habitants par rapport à 1989, c'est grâce au solde migratoire positif. Selon les chiffres officiels, il se serait élevé à 3,4 millions de personnes, mais ce chiffre a été fortement sous-évalué. Il est certain que le flux migratoire a été plus important que les chiffres officiels ne l'indiquent.

Depuis 2002, le déficit entre naissances et décès se maintient à son niveau le plus élevé. Entre 2002 et 2005, il s'établit déjà à 3,5 millions de personnes. En revanche, le flux migratoire, qui avait surtout été alimenté par la migration de retour de Russes résidant dans les autres républiques de l'ex-URSS, tend à se tarir puisque, sur les mêmes quatre années, il ne s'est élevé qu'à 260 000 personnes. La migration ne couvre plus que 7 à 8 % du déficit naturel, et non plus 44 % comme dans la période précédente riche en retours.

L'ÉVOLUTION DÉMOGRAPHIQUE

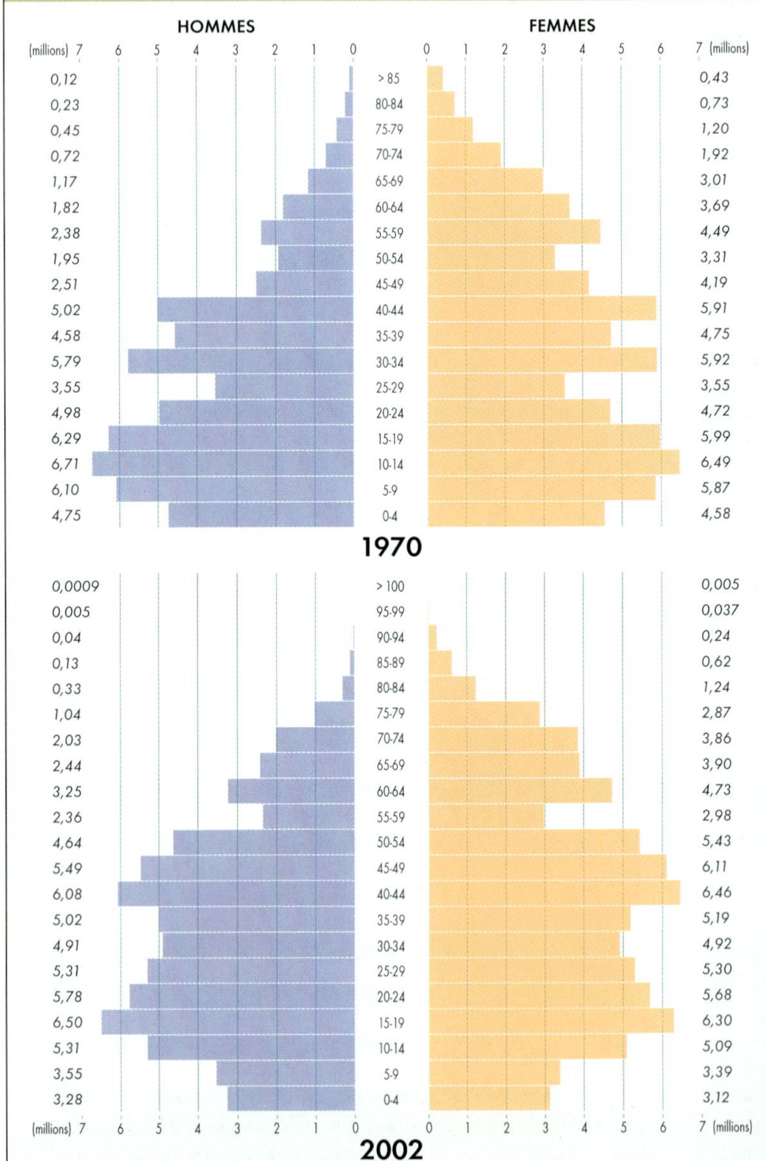

Source : *Rossiskii Statistitcheskii Ejegodnik.*

ÉTANTE

Le rapport Natalité/Mortalité

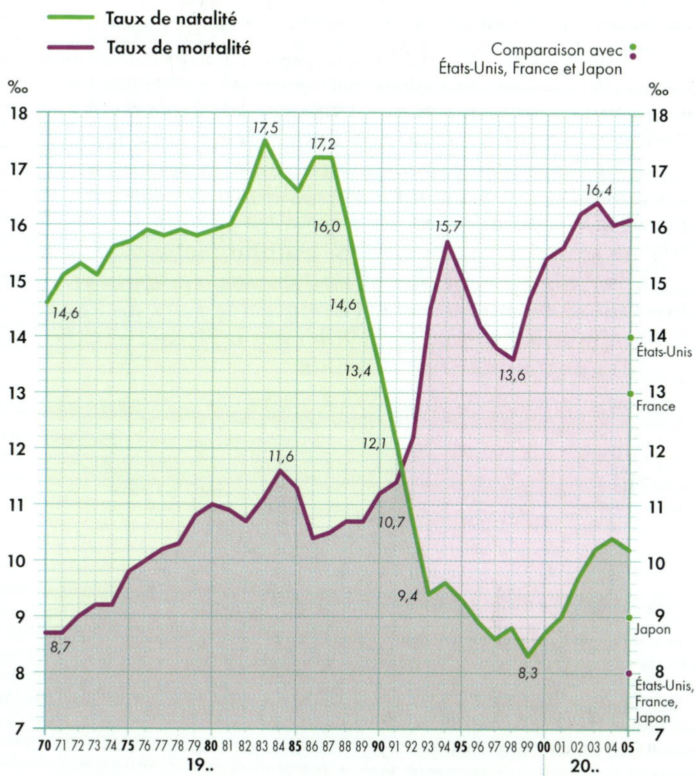

Source : *Demografitcheskii Ejegodnik Rossii.*

La population totale

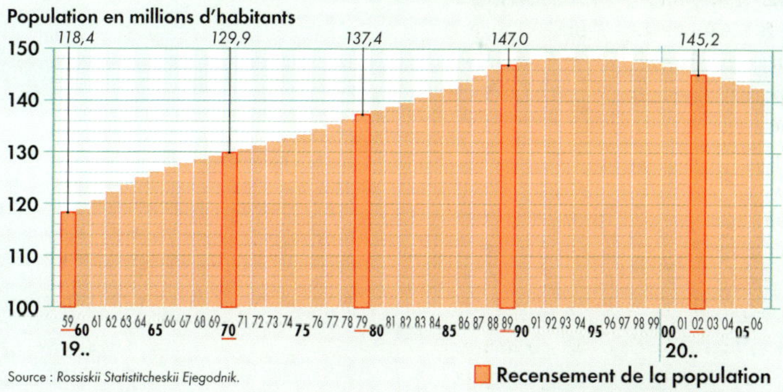

Source : *Rossiskii Statistitcheskii Ejegodnik.*

Pourquoi une telle crise démographique ?

Una natalité atone. Depuis 2003, le taux de natalité de la Russie est supérieur à 1 %, en amélioration par rapport aux taux de 0,8 ou 0,9 % de la décennie passée. Le gouvernement a adopté des mesures natalistes pour le soutenir. Toutefois, si ce taux est inférieur au taux français (1,3) ou états-unien (1,4), il est supérieur à celui du Japon (0,8) ou à ceux de bien des pays d'Europe. La cause principale de la décroissance démographique est la mortalité, double de celle des pays développés : 1,6 % et plus depuis 2002, contre 0,8 % aux États-Unis, en France ou au Japon. Un alignement sur les taux occidentaux représenterait 1,1 à 1,2 million de décès en moins et rendrait l'accroissement naturel positif.

Une forte mortalité. La hausse du taux de mortalité provient en partie du vieillissement de la population, observable sur les pyramides des âges. La différence structurelle entre la Russie et l'Occident tient à deux autres facteurs. Le premier est lié à la qualité du service de santé hérité de l'URSS, généralement mesurée par le taux de mortalité infantile. En 1990, ce taux était de 1,7 % en Russie, contre 0,7 en France. En 2004, des progrès ont été réalisés puisqu'il a été abaissé à 1,1 %, mais c'est encore trois fois les taux de la France (0,4 %) ou du Japon (0,3 %).

Le fléau de l'alcoolisme. Le deuxième facteur est la consommation plus qu'excessive d'alcool. L'empoisonnement par alcool frelaté a été responsable de 42 000 décès en 2004. L'alcool est responsable indirectement du nombre très élevé de morts par accidents de la route (39 000 en 2004), d'accidents du travail, et il rend les personnes vulnérables à différentes affections. Conséquence de ce fléau qui frappe surtout la population masculine, l'espérance de vie d'un homme est de 58,9 ans en 2005 (57,2 parmi la population rurale) tandis qu'elle est de 61 ans en Inde et de 77 ans en France (en 2005). L'espérance moyenne de vie d'une femme est de 72,4 ans (84 en France).

« Selon les projections de l'ONU, si la situation ne s'infléchit pas, la Russie ne comptera plus que 101,5 millions d'habitants en 2050 (selon l'estimation, elle en comptait 142,7 millions en 2006) et 55 millions en 2075.* »

UNE TERRE DE MIGRATIONS ?

En URSS, les migrations intérieures étaient courantes et importantes. L'apparition de frontières internationales entre les quinze républiques a brouillé ces migrations habituelles pour les faire entrer dans la catégorie statistique sensible des « migrations internationales ». En ce qui concerne l'immigration, on a observé un fort mouvement de retour des Russes qui travaillaient hors de Russie. Depuis, les flux en provenance des pays du sud de l'ex-URSS, traditionnels pour certains, nouveaux pour d'autres, constituent l'essentiel du mouvement. L'émigration hors de Russie est maintenant autorisée. L'Allemagne, Israël et l'Ukraine sont les destinations principales.

PERSONNES DÉPLACÉES ET RÉFUGIÉES

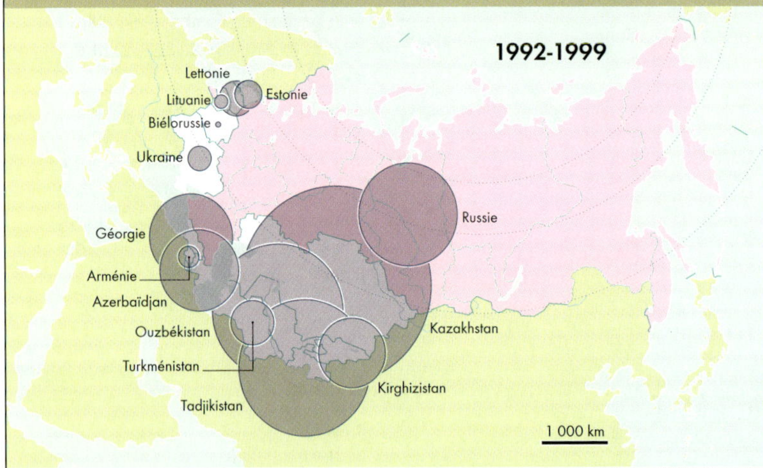

Source : *Rossiskii Statistitcheskii Ejegodnik*, 2000 et 2005.

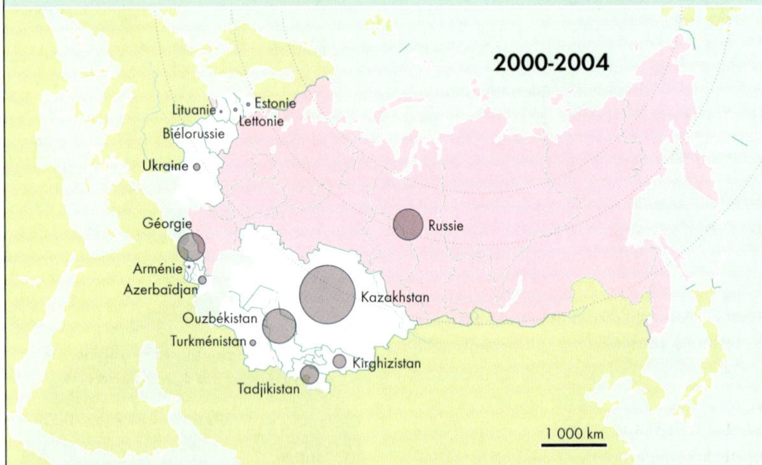

(1) Statut et enregistrement à partir du 1er juillet 1992. (2) Statut et enregistrement à partir du 20 mars 1993.

> *La majorité des foyers tadjiks bénéficient aujourd'hui, directement ou indirectement, des revenus de l'émigration en Russie.*
>
> J. Thorez, 2007.

1992-2004 : DES MILLIERS DE MIGRATIO[NS]

Les personnes déplacées (1) et réfugiées (2)

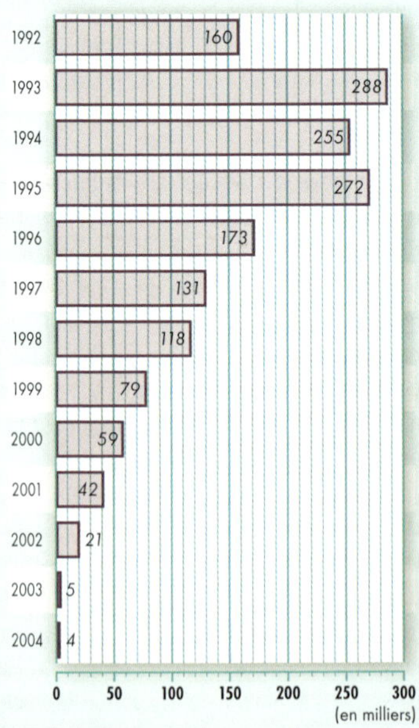

(1) Statut et enregistrement à partir du 1er juillet 1992.
(2) Statut et enregistrement à partir du 20 mars 1993.

Source : *Rossiskii Statistitcheskii Ejegodnik*, 2000 et 2005.

ES MOUVEMENTS DE POPULATIONS ALLEMANDE ET JUIVE

L'émigration vers Israël et l'Allemagne, entre 1990 et 2005
(en milliers de personnes)

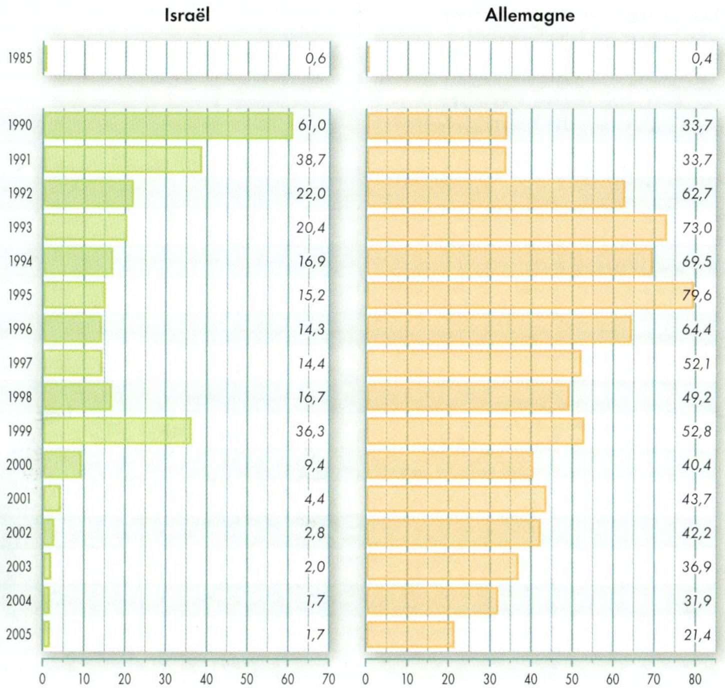

Sources : *Rossiiskaïa Federatsia v 1992* ; *Rossiskii Statistitcheskii Ejegodnik*, 2000 et 2006.

Les mystères de la statistique

En janvier 1989, selon le recensement, 842 000 habitants de la Russie (à l'époque RSFSR) se déclaraient de nationalité allemande. De janvier 1989 à janvier 2002, les services d'émigration ont enregistré 676 000 départs pour résidence définitive de la Russie vers l'Allemagne. La nationalité de ces émigrants n'est pas indiquée, mais il n'est pas difficile d'imaginer qu'il s'agit en majorité de personnes d'origine allemande plus ou moins lointaine, pouvant bénéficier de la « loi du retour ».

Il est donc difficile d'expliquer mathématiquement que le recensement de 2002 puisse dénombrer 597 000 habitants de la Russie se déclarant de nationalité allemande.

Il semble que, ces dernières années, de nombreux Russes se soient retrouvé des origines allemandes oubliées, voire se soient découvert des racines auparavant ignorées afin de pouvoir profiter de la législation allemande sur l'immigration.

L'immigration, un problème devenu sensible

L'« ÉTRANGER PROCHE » ET LA RUSSIE. À l'époque soviétique déjà, la population arménienne migrait largement sur le territoire. Avec les crises traversées par l'Arménie indépendante, le phénomène a pris une grande ampleur. Lors du recensement russe de 2002, 1,13 million de personnes se sont déclarées de nationalité arménienne, chiffre considérable, rapporté aux 3,2 millions d'habitants d'Arménie, et le recensement n'intègre pas les résidents clandestins, de plus en plus nombreux en Russie.
Le régime soviétique avait échoué à mobiliser les populations démographiquement dynamiques d'Asie centrale, organisées en sociétés très soudées. Or, après la chute de l'URSS, bien que les limites administratives soient devenues frontières d'État, un flux migratoire considérable a vu le jour dont le Tadjikistan est devenu l'un des principaux foyers (voir tableau). Les recensements russes enregistrent cette migration mais le chiffre indiqué* (120 000) n'a rien à voir avec ceux des autorités du Tadjikistan, dont un service estime que 630 000 Tadjikistanais ont émigré vers la Russie au cours de la décennie tandis qu'un autre évalue à 1 million le nombre de Tadjikistanais travaillant en Russie. Migrations saisonnières, temporaires et clandestines échappent à la statistique.

DES CHINOIS SUR LE SOL RUSSE ? L'installation de Chinois sur le sol russe est une question beaucoup plus sensible sur le plan géopolitique. Selon certaines informations parues dans la presse russe, entre 400 000 et 2 millions de Chinois se seraient installés en Extrême-Orient russe. Le recensement de 2002 n'en a comptabilisé que 34 577 sur tout le territoire russe, dont 9 677 seulement dans tout l'*okroug* d'Extrême-Orient et 4 495 dans celui de Sibérie ! Les enquêtes de terrain montrent que les deux chiffres sont faux. Le chiffre exact reste inconnu.

* De nombreux Tadjikistanais sont de nationalité ouzbek et on ne sait pas si ceux-ci se sont déclarés de nationalité ouzbek ou tadjike dans le recensement russe (voir p. 76).

L'ASIE CENTRALE

L'évolution des populations originaires d'Asie centrale (en milliers de ressortissants par pays d'origine)

	1979	1989	2002
Kazakhstan	518,0	635,9	654,0
Ouzbékistan	73,0	126,9	122,9
Turkménistan	23,0	39,7	33,1
Kirghizistan	15,0	41,7	31,8
Tadjikistan	18,0	38,2	120,1

Sources : *Narodnoïe Khoziaïskvo RSFSR*, 1980 ; *Natsionalnyi sostav nasielienia Rossii*, 1989 et 2002.

LE CAUCASE

L'évolution des populations originaires du Caucase (en milliers de ressortissants par pays d'origine)

	1979	1989	2002
Arménie	365,0	532,4	1 130,5
Azerbaïdjan	152,0	335,9	621,8
Géorgie	90,0	130,7	197,9

Sources : *Narodnoïe Khoziaïskvo RSFSR*, 1980 ; *Natsionalnyi sostav nasielienia Rossii*, 1989 et 2002.

LA CIRCULATION (I) : RÉSEAU ROUTIER ET

L'état actuel du réseau russe résulte d'une accumulation historique de carences. La route fut le fléau de l'empire des tsars. Le régime soviétique qui lui a succédé a fait l'impasse sur l'automobile individuelle et n'a pas éprouvé le besoin de doter le pays d'un réseau routier à l'occidentale. Pour le chemin de fer, les deux régimes ont suivi avec retard le cours de la révolution industrielle, mais le décalage d'équipement avec le reste du monde développé est moins flagrant. Aussi, aujourd'hui, la Russie postsoviétique doit prévoir un effort d'investissement considérable afin d'améliorer les infrastructures et l'utilisation de ces deux modes de transport.

LE RÉSEAU ROUTIER

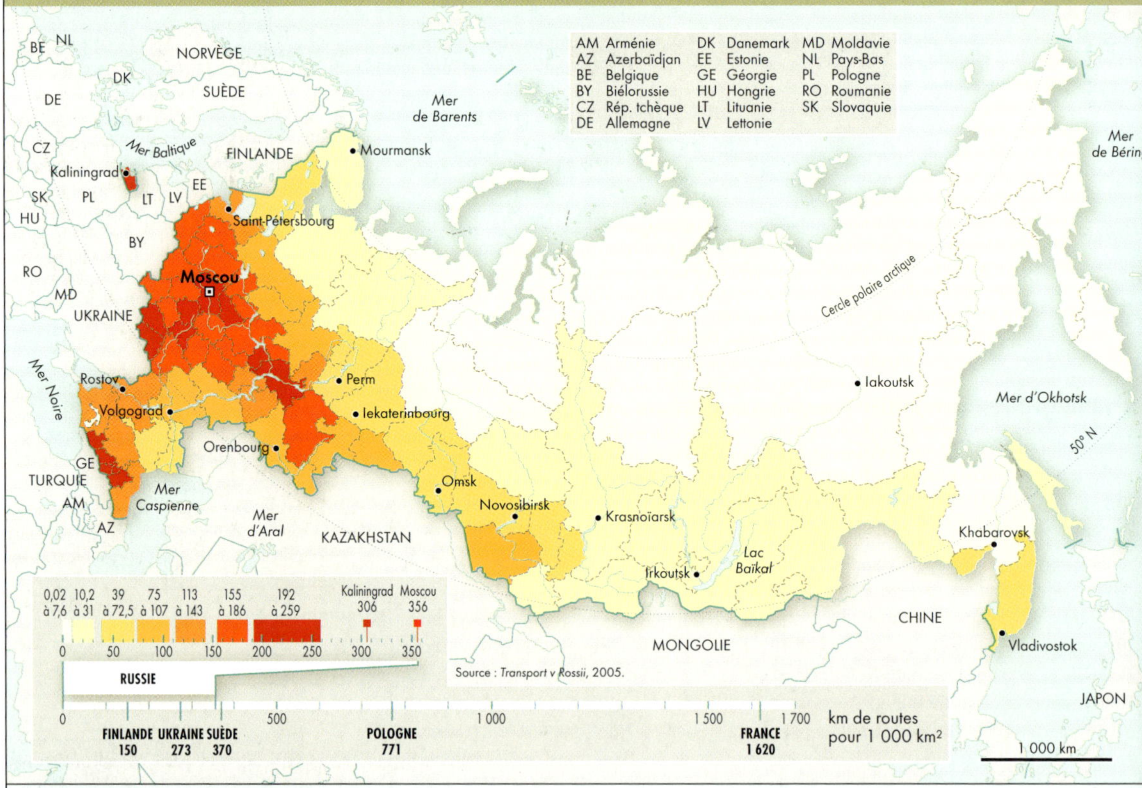

La route, fléau de la Russie

Cette expression du marquis de Custine, datant du XIXe siècle, est encore une réalité pour l'automobiliste qui s'aventure hors des très grands axes, car le régime soviétique a légué un réseau fort limité. L'*oblast* la mieux équipée est celle de Moscou, largement urbaine ou suburbaine, et pourtant sa densité routière est inférieure à celle de la Suède – Laponie et montagnes inhabitées incluses. De plus, ce réseau est de très médiocre qualité : revêtement trop mince, largeur insuffisante, majorité des ponts ne pouvant pas supporter le passage de poids lourds.

La nouvelle Russie a accordé priorité à la modernisation des grands axes : Moscou-Saint-Pétersbourg et Moscou-Biélorussie. Actuellement, l'effort porte sur l'axe Don, qui s'étend de Moscou à Rostov (1 167 km), en direction du littoral balnéaire et du grenier agricole du pays. Sur l'essentiel du parcours, il n'y a qu'une voie dans chaque sens et la vitesse de circulation n'atteint pas 60 km/h. Sur 96 km seulement, les deux sens de circulation sont séparés par une bande centrale. Les accidents mortels y sont très nombreux. Deux milliards d'euros seront consacrés à ce seul chantier jusqu'à 2010.

La question de la desserte des villages ruraux reste entière. En 2005, un tiers des 50 000 bourgs, villages et hameaux, ne sont pas desservis par des routes revêtues.

FERROVIAIRE

Un réseau ferré vétuste et surchargé

Le réseau ferroviaire russe affiche de moins grandes carences que le réseau routier. Les densités sont en général inférieures à celle de l'Europe, mais toute la partie occidentale et les régions industrielles de l'Est (Oudmourtie, Oural, Kouzbass) sont mieux équipées que les États-Unis. Après 1992, les chemins de fer ont enregistré la plus forte rétraction de trafic, surtout en raison de la disparition des « transports croisés » que les ministères sectoriels soviétiques oganisaient pour mieux remplir leur plan : ils accumulaient les tonnes-kilomètres en procédant à des échanges à longue distances entre leurs usines. Cette rétraction du trafic a été salutaire car, construit par un ministère qui mesurait son plan au nombre de kilomètres mis en service, le réseau était de très mauvaise qualité (voies et ballasts). Avec la piètre qualité de l'acier et la rigueur de l'hiver russe, les ruptures de circulation étaient régulières. Au niveau du matériel, les chemins de fer souffraient d'une pénurie constante de wagons de marchandises, produits en nombre très insuffisant, et les motrices, de puissance faible, étaient à l'origine de nombreuses défaillances. Le secteur requiert de lourds investissements, pour l'instant différés.
Le système ferroviaire n'a d'autre part pas été conçu pour la vitesse : les trains de voyageurs se déplacent à 60 km/h de moyenne. Exception, le Nievski Express, inauguré en 2001, relie Moscou à Saint-Pétersbourg à 140 km/h, mais il ne circule que trois fois par semaine.

LA BAISSE DES VOLUMES TRANSPORTÉS

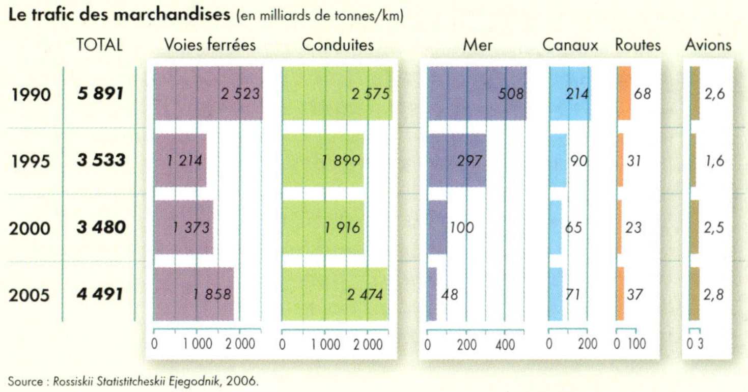

Source : *Rossiskii Statistitcheskii Ejegodnik*, 2006.

> **“ Avec 32 km de routes et 5 km de voies ferrées en moyenne pour 1 000 km², la Russie a le réseau de communication le moins dense de tous les pays développés.* ”**

LE RÉSEAU FERROVIAIRE

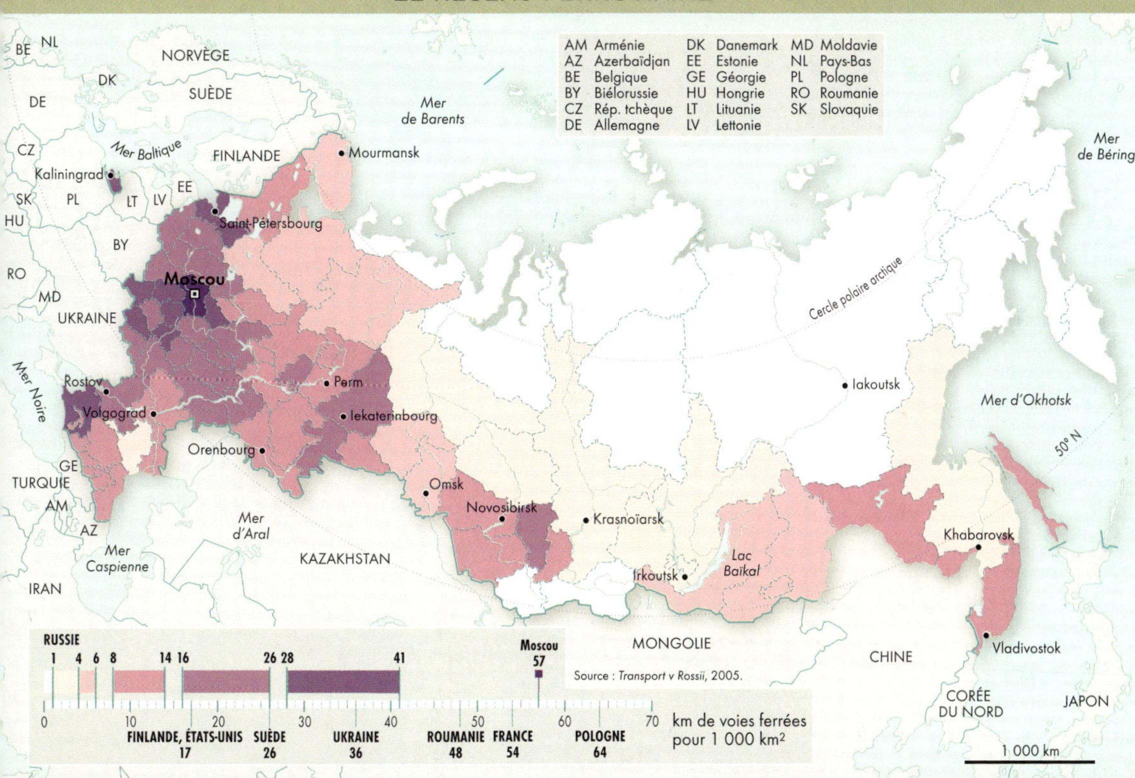

Source : *Transport v Rossii*, 2005.

LA CIRCULATION (II) : SYSTÈME DES CINQ

Le système des cinq mers a été conçu sous Staline et sa construction a pour l'essentiel été menée à bien. Desservant la majeure partie du pays utile, dix des onze villes de plus de 800 000 habitants situées à l'ouest de l'Oural (la seule exception est Voronej), assurant un tirant d'eau de 3,6 m et ne présentant aucun problème de tirant d'air, il constitue un axe de circulation digne du Rhin, apte à assurer la circulation de navires fluvio-maritimes de 5 000 t. Dans la pratique, le problème de l'englacement, non maîtrisé, et les difficultés techniques et administratives en font un axe peu fréquenté.

L'englacement hivernal

Le 20 novembre en moyenne au nord, le 10 décembre en moyenne au sud, mais à une date variant fortement chaque année, la prise en glace stable s'établit sur les cours d'eau. Elle dure jusqu'à une date variable du mois d'avril. Au plus fort de l'hiver, la Volga est recouverte d'une carapace de glace de 80 cm à un mètre d'épaisseur, variable selon l'endroit.

En théorie, jusqu'à une épaisseur de 20 cm, les navires peuvent encore circuler avec l'aide de brise-glace. Le problème est que ceux-ci sont très peu nombreux et que leur disponibilité est incertaine. Comme la date de prise en glace stable varie fortement et que les navires peuvent être retardés lors du chargement ou du déchargement, les compagnies interrompent leur activité dès la fin octobre par prudence. Faute d'abris en nombre suffisant, le risque est trop grand de voir le navire pris dans la glace pour l'hiver. Les barrages de la Volga sont en effet fortement destockés en hiver ; le niveau des lacs est abaissé de 5 à 6 m selon la retenue. Tout navire qui n'aurait pas été dégagé à temps subirait alors de très gros dégâts. Prolonger la navigation sur la Volga, interrompue pendant six mois, demanderait un équipement en abris, en brise-glace et, probablement, une modification du rythme de fonctionnement des barrages.

LE SYSTÈME DES CINQ MERS

Sources :
P. S. Nieporojnyi, *Gidroenergetika i Komplieksnoïe ispolzovanie vodnykh resoursov SSSR*, 1982 ;
V. Toniaïev, *Geografia vnoutriennykh vodnykh pout SSSR*, 1990 ;
P. Frey, « Le pluriel aux dimensions russes », *Navigation, Ports, Industrie*, octobre 2005.

MERS

L'ÉVOLUTION DU TRAFIC FLUVIAL

Le transport fluvial (en millions de tonnes)

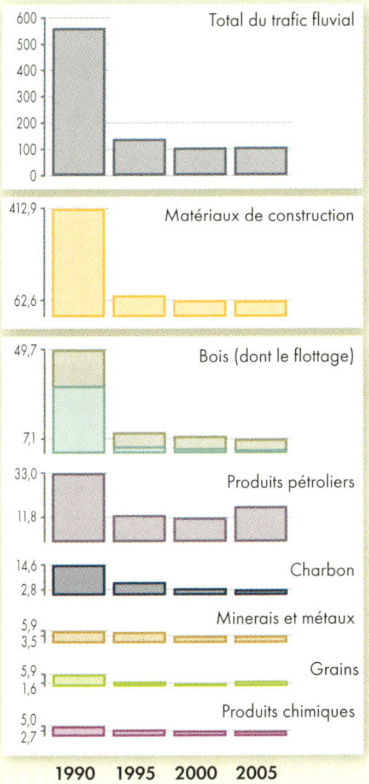

Source : *Rossiskii Statistitcheskii Ejegodnik*, 2006.

Au cœur du système, la Volga aménagée

À l'état naturel, 60 % des eaux de la Volga s'écoulaient lors de la crue de printemps, d'avril à juin, laissant le fleuve amaigri le reste de l'année. Pour retenir cette eau et la déstocker selon les besoins, il a été transformé en un escalier de lacs-réservoirs. Les objectifs majeurs des concepteurs – création d'une artère navigable et forte production électrique – expliquent le choix en faveur de grands barrages relevant fortement le niveau de l'eau sur de longues distances.

La rétention de la crue a cependant été limitée pour protéger les poissons de la Caspienne qui se reproduisent presque tous dans la Volga, certaines espèces remontant jusqu'à Kazan, ou dans son delta. Une partie du flux de printemps doit donc être maintenue, sous la forme d'une crue artificielle. Sauf ce volume réservé, la crue est donc stockée. Le niveau élevé des retenues soutient la navigation en été et automne. L'abandon du grand plan d'irrigation, qui aurait consommé de l'eau en été, a évité la perturbation de ce schéma.

La pression grandissante des « super pointes » d'hiver de la consommation industrialo-urbaine a en revanche créé problème. Manquant de reliefs montagneux pour y créer des retenues, les gestionnaires se sont tournés vers les barrages de la Volga, en plein cœur du pays utile, et les font fonctionner à plein régime quelques heures chaque jour en hiver. Ils réduisent donc au maximum le volume de la crue artificielle de printemps, au détriment de la reproduction des esturgeons et autres poissons de la Caspienne, pour la garder en réserve pour les pointes d'hiver.

Optimiser le système des cinq mers

Une bonne partie des navires circulant sur le réseau fluvial intérieur russe sont des fluvio-maritimes de 1 500 à 5 000 t. Ils sont capables de naviguer sur les mers bordières ou le long des côtes de la mer du Nord. Des dessertes en droiture ont d'ailleurs déjà été effectuées entre Paris et Moscou, ou entre la Ruhr et Moscou. Au vu de ce potentiel, la capacité de transport du système des cinq mers semble sous-utilisée.

En plus de la longue inactivité hivernale, la navigation souffre de difficultés techniques qui limitent la profondeur garantie à 3,3 mètres et non 4 m comme prévu sur trois tronçons. Au cœur du système, les réservoirs de Nijnekamsk et Tcheboksary n'ont pas été remplis à la hauteur prévue, en raison de problèmes environnementaux. La profondeur prévue de 4 m n'est donc pas assurée dans les parties amont de ces deux retenues. En périphérie du système, mais à un endroit clé, la non-réalisation du quatrième barrage régulateur du bas-Don empêche là aussi l'obtention de la profondeur de 4 m. Sur toute la cascade, les installations, datant généralement des années 1950, souffrent par ailleurs de vétusté.

Le transport est également limité par l'interdiction faite à tout pavillon étranger de circuler sur les voies navigables russes. Ce problème est toutefois en voie de résolution. En 2007, un premier tronçon entre la mer d'Azov et la Caspienne doit être ouvert aux navires étrangers, et l'intégralité du réseau russe le sera en 2012.

> *« Avec la Volga aménagée comme colonne vertébrale, le système des cinq mers assure la liaison entre la mer Blanche, la Baltique, la Caspienne, la mer d'Azov et la mer Noire.* »*

L'ESCALIER DE LA VOLGA

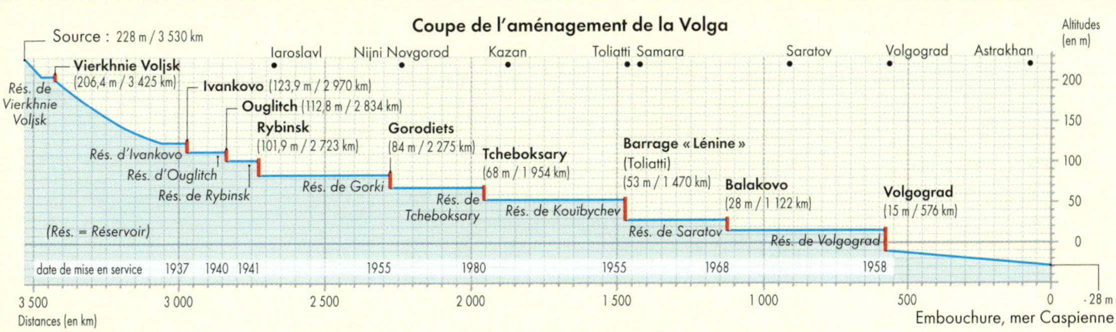

Source : P. Marchand, *La Volga, aménagement et environnement*, 1990.

LA CIRCULATION (III) : RÉINSERTION DANS

L'URSS, peu ouverte sur l'extérieur, considérait la circulation des marchandises comme une affaire intérieure. Les points de contact avec le monde occidental étaient donc peu développés. La nouvelle Russie, qui entend se réinsérer dans l'espace monde, a depuis été confrontée à la perte de la quasi-totalité de l'appareil portuaire sur la fenêtre baltique et de la moitié de celui de la mer Noire. La reconstruction d'un appareil portuaire national est donc une priorité à l'heure où différents acteurs économiques tentent de promouvoir l'idée d'une Russie « pont » entre l'Europe et l'Asie orientale.

INSTALLATIONS PORTUAIRES EN 1990 ET 2005

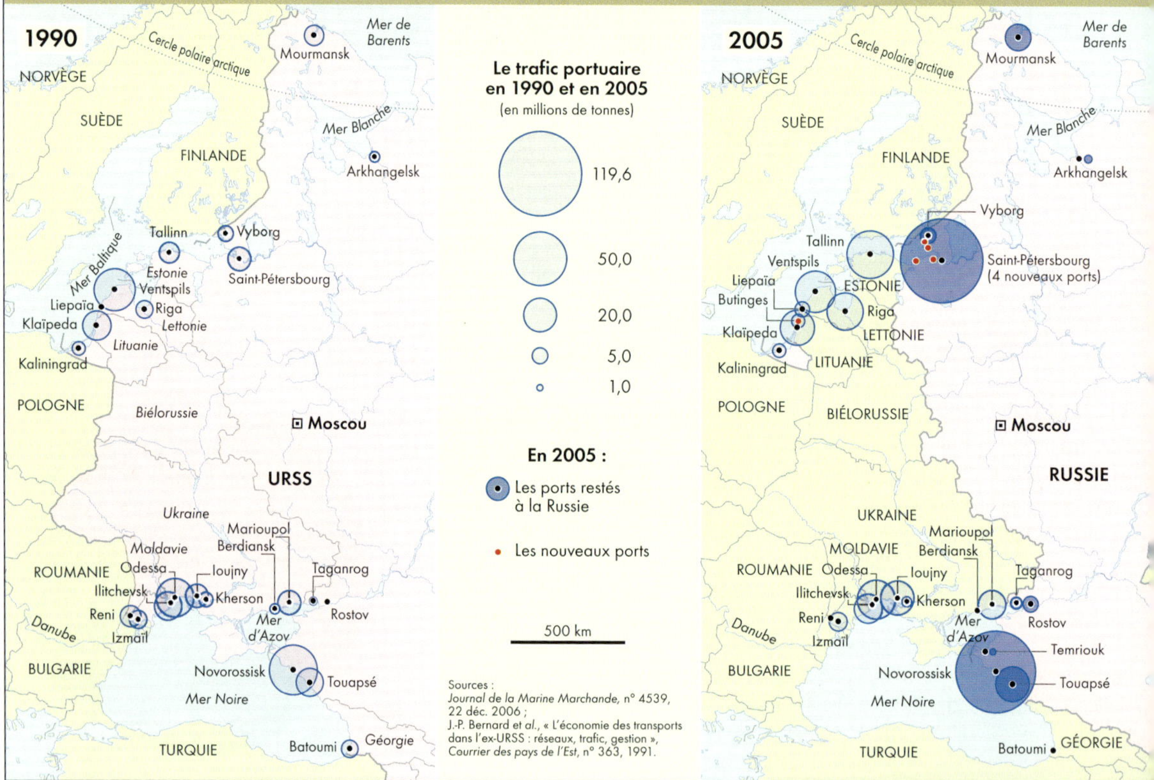

Sources :
Journal de la Marine Marchande, n° 4539, 22 déc. 2006 ;
J.-P. Bernard et al., « L'économie des transports dans l'ex-URSS : réseaux, trafic, gestion », *Courrier des pays de l'Est*, n° 363, 1991.

Le « Rotterdam de la patrie »

Au XVIIIe siècle, lorsque la Russie a cherché un accès à la mer, c'est vers la Baltique qu'elle a porté son effort. En 1992, lorsqu'il a fallu prévoir la création d'infrastructures nationales, elle s'est résolument tournée vers son étroite fenêtre autour de Saint-Pétersbourg. Pendant toute la décennie, ces projets ont cependant piétiné. Depuis 2000, l'idée formulée est de transformer l'embouchure de la Neva, entrée baltique du système des cinq mers, en un « Rotterdam de la patrie ».
Les dernières statistiques portuaires publiées, celles de l'année 2005, montrent que la croissance du port de Saint-Pétersbourg et la création de nouveaux ports, non encore achevés, ont conduit à un trafic de 119,6 millions de tonnes. Ce volume est déjà presque équivalent à celui de tous les ports des pays baltes réunis (123,8 millions de tonnes), alors que ceux-ci manipulaient un volume quatre fois supérieur à celui la façade russe en 1990 (65 millions de tonnes contre 15).

LA NOUVELLE PORTE DE LA RUSSIE

Source : P. Marchand, *Géopolitique de la Russie*, Ellipses, Paris, 2007.

L'ESPACE MONDE

LES PROJETS DE RÉINSERTION DANS LA DYNAMIQUE MONDIALE

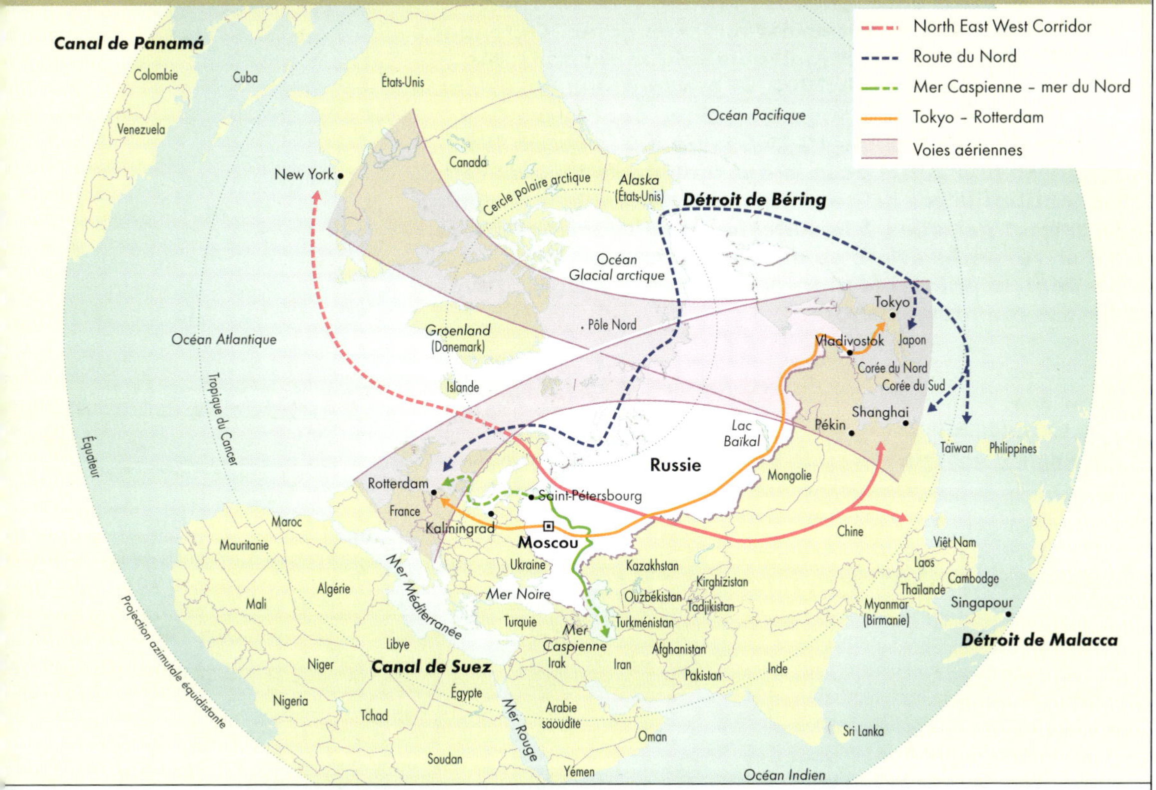

Drainer les flux internationaux vers la Russie

La route maritime. La route du Nord entre le Japon et l'Europe, déjà proposée par l'URSS, n'a jamais séduit les armateurs. Reliant Mourmansk à Vladivostok, la route du Nord est donc restée interne à l'URSS. Ouverte deux mois par an (p. 50-51), elle ne servait qu'à évacuer les matières premières du Grand Nord et à ravitailler les stations. Elle était à peu près inutilisée à l'est de l'Ienisseï.

Dans les années 1990, les études internationales menées quant à l'intérêt de cette route ouverte deux mois par an ont toutes été négatives.

Un pont continental ? De leur côté, les régions sibériennes militent activement pour la construction d'un deuxième Transsibérien, qui serait dédié à la circulation des conteneurs. Les trains seraient supposés mettre dix jours entre Rotterdam et Vladivostok, gain de temps substantiel par rapport aux trente jours du voyage Rotterdam-Yokohama.

Cependant, là encore, les études de l'ONU ont émis un avis très réservé. On doute que les chemins de fer russes soient capables d'assurer un transit soutenu, fiable en toutes saisons.

Des intérêts américains et norvégiens soutiennent depuis 2005 une variante dénommée NEW Corridor : un axe ferroviaire entre la Chine continentale et la côte norvégienne. L'objectif est de réduire la durée du transport entre l'intérieur de la Chine et la côte nord-est des États-Unis. Dans les deux cas, le projet bute sur le financement et sur la réalité de l'existence d'un trafic potentiel.

Projets et réalités. Dès l'époque soviétique, il était question d'une voie fluvio-maritime directe entre l'Iran et la mer du Nord, variante moderne de l'ancienne « voie des Varègues aux Arabes ». Compte tenu de la situation internationale de l'Iran, cette idée n'a jamais progressé.

La seule réalité tangible est pour l'instant la circulation aérienne circumsibérienne. Le survol de la Sibérie est devenu le plus court chemin entre le Japon et la Chine du Nord d'une part, l'Europe et l'Amérique du Nord d'autre part. Les retombées économiques pour la Russie sont cependant limitées actuellement à la perception de droits de survol.

> « ***La Russie pourrait constituer un « pont » eurasiatique entre les deux principaux pôles commerciaux de la triade, l'Europe occidentale et l'Asie nord-orientale.***
>
> **Mark Bandman, *Izvestia Akademii Naouk*, n° 2, 2001.** »

LA QUESTION ÉNERGÉTIQUE (I) : DES ÉQ

Côté ressources énergétiques (pétrole, gaz, charbon, hydroélectricité), la Russie est fort bien dotée. Cependant, les gisements les plus importants sont tous situés loin du pays peuplé. Depuis 1992, la production a été orientée vers l'exportation. La hausse continue des cours (le pétrole est passé de 10-15 $ le baril à la fin de 1998 à 70 $ en juin 2007) pose la question de l'usage de cette rente. Dans le cas du gaz, Gazprom détient le monopole. Le secteur pétrolier, à la suite de privatisations opaques, est en revanche éclaté en dizaines d'acteurs dont, souvent, la principale préoccupation est de placer l'argent sur des comptes off-shore.

Une consommation anormale d'énergie

En 1997, une étude internationale constatait que la Russie consommait 4,5 fois plus d'énergie qu'un pays occidental à PIB égal. Ce gaspillage provient du choix soviétique en faveur d'installations collectives, dont les énormes tuyauteries mal isolées parcourent des quartiers entiers. Faute de système de régulation individuelle, les Russes ouvrent grand les fenêtres quand le chauffage collectif est trop fort. Tout voyageur pouvait et peut encore le constater. Le système soviétique distribuait l'énergie à des prix très bas, incitant le consommateur à ne pas se soucier du volume dépensé. Compte tenu de la situation sociale difficile, le prix de l'énergie est encore maintenu à un bas niveau. Sur le marché intérieur, le gaz est ainsi vendu à 30 $ les 1 000 m³ depuis 2003, contre 240 $ sur les marchés occidentaux. Le projet est de le porter à 55-60 $ en 2010, prix faible, toujours pour épargner le consommateur.

Ces prix représentent un énorme gaspillage de ressources pour le pays. Le marché intérieur consomme en effet 450 milliards de m³ par an (sur une production de 640). Les agglomérations urbaines en consomment 100 milliards, mais le plus gros client est le secteur de la production électrique, dont les centrales absorbent 140 milliards de m³. Leurs turbines consomment deux fois plus que les turbines américaines, mais le faible prix d'achat du gaz n'incite pas les gestionnaires au progrès technique.

LA CONSOMMATION D'ÉLECTRICITÉ ENTRE 1990 ET 2004

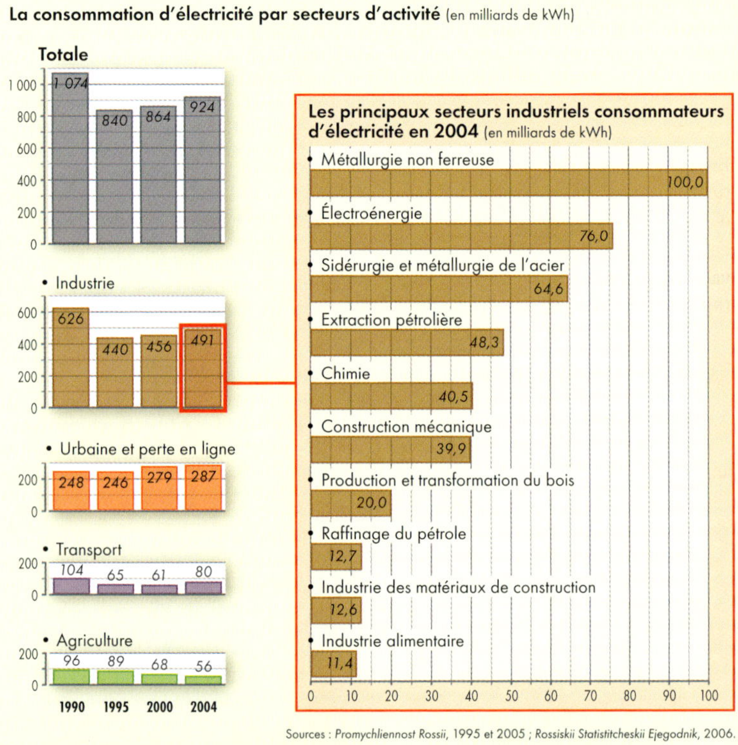

Sources : *Promychliennost Rossii*, 1995 et 2005 ; *Rossiskii Statistitcheskii Ejegodnik*, 2006.

LA PRODUCTION D'ÉLECTRICITÉ EN 2005

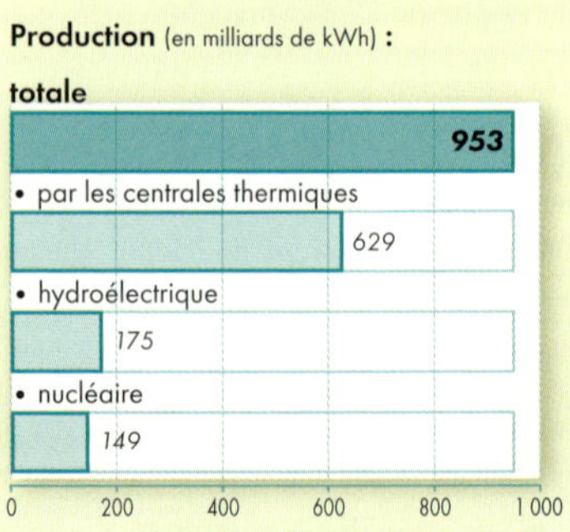

Source : *Rossiskii Statistitcheskii Ejegodnik*, 2006.

« ***1er producteur et 1er exportateur mondial de gaz.***

2e producteur et 1er exportateur mondial de pétrole.* »

UILIBRES FRAGILES

LA PRODUCTION ET L'EXPORTATION DE PÉTROLE, GAZ ET CHARBON ENTRE 1990 ET 2005

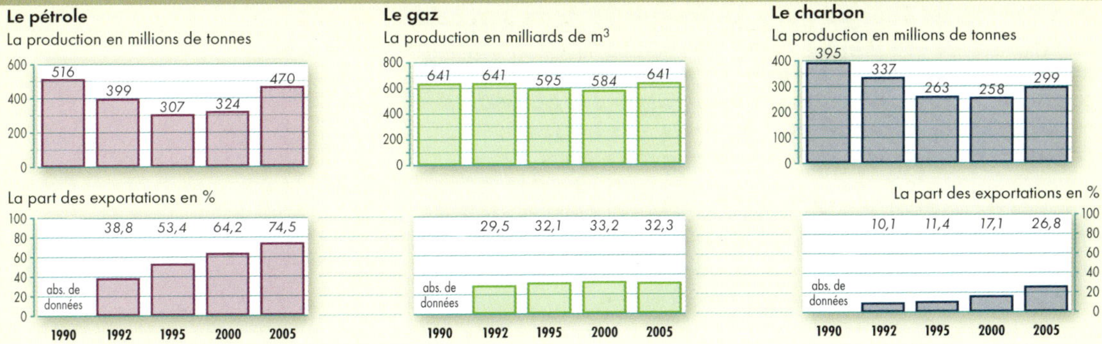

Sources : *Promychliennost Rossii*, 1995 et 2005 ; *Rossiskii Statistitcheskii Ejegodnik*, 2006.

Le niveau de production réussira-t-il à se maintenir ?

La production russe de pétrole a chuté de moitié après le record de 1987, passant de 560 millions de tonnes à 300 en 1995-1999. En 2005, elle s'est redressée à 430 millions de tonnes mais cette défaillance a inquiété les marchés.

En effet, le redressement de la production s'explique par l'achat massif d'équipements américains par les compagnies russe afin d'extraire davantage des gisements d'époque soviétique qu'elles continuent à exploiter. Elles investissent très peu dans la recherche de nouvelles ressources : ainsi, en 2003, à elles toutes, elles n'ont consacré qu'1 milliard de dollars à l'exploration, alors que le seul groupe américain Exxon y consacrait 11 milliards de dollars. Même en prenant en compte les nouveaux gisements de Sakhaline et de mer de Barents, il y a donc de sérieux doutes sur la capacité de la Russie à maintenir son niveau de production.

Gazprom inquiète également les marchés. Tandis que le groupe mutliplie les contrats de livraison extérieurs, il a mis en exploitation en 2001 le dernier super-géant de Bakou III encore en réserve. Tous les autres gisements ont commencé à décliner. Aucun aménagement n'a encore été engagé sur ceux de la presqu'île de Iamal, qui devaient pourtant entrer en service dans les années 1990, et requièrent 70 milliards de dollars d'investissements.

LES SOURCES DE PRODUCTION EN 2005

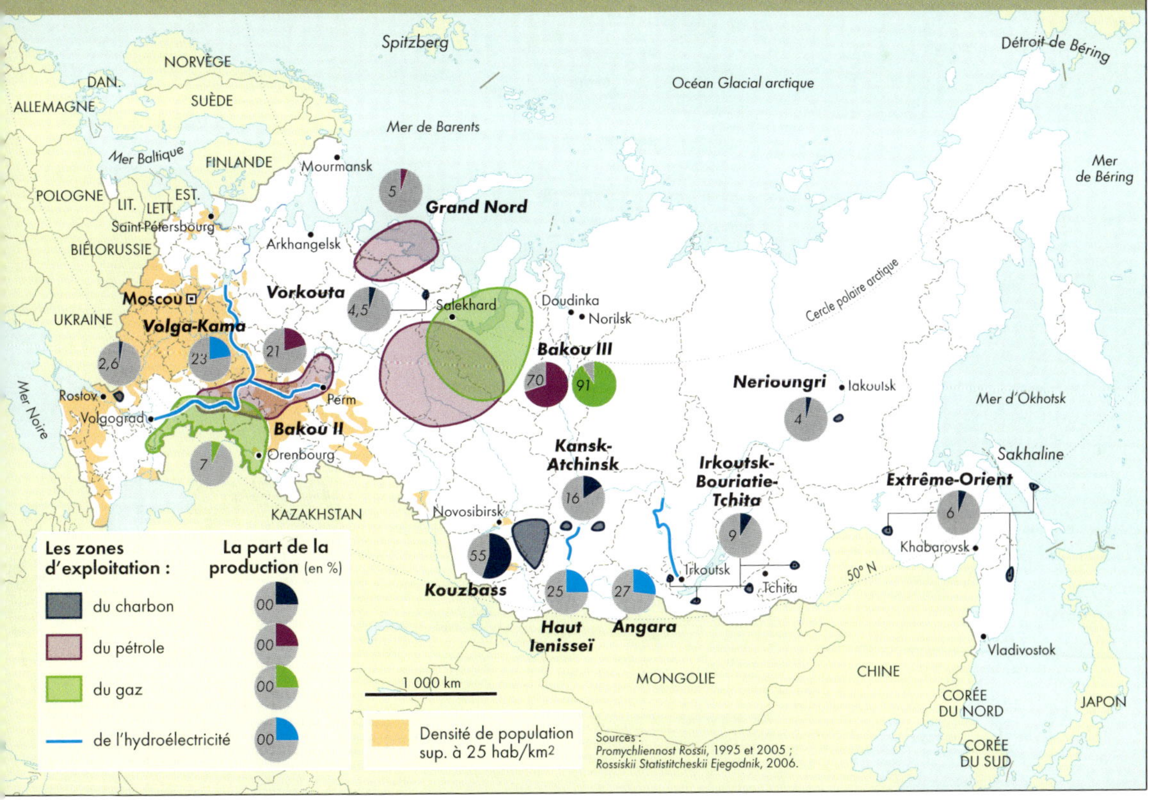

LA QUESTION ÉNERGÉTIQUE (II) : PRÉPAR

La Russie s'est imposée comme le principal fournisseur de l'Europe en énergie : elle lui fournit 25 % de son gaz et 19 % de son pétrole. Le marché intérieur russe n'étant pas compressible, les Européens s'inquiètent de la capacité de la Russie à mettre en valeur les nouvelles ressources lui permettant d'honorer ses contrats. D'autant que le pays doit faire face à de gros investissements dans les installations existantes. Devant l'ampleur des sommes requises, l'intervention du capital étranger semble nécessaire mais le risque géopolitique est parfois élevé quant à la sécurité des investissements étrangers en Russie.

Un besoin urgent d'investissements

En plus des sommes nécessaires à la mise en valeur de nouvelles ressources en hydrocarbures, la Russie doit faire face à des besoins plus immédiats. La vétusté du réseau de distribution d'électricité et l'insuffisance du parc de production ont été illustrées par la panne géante qui a frappé la région de Moscou le 25 mai 2005, et qui aurait coûté 1 milliard de dollars. Survenant en plein hiver, elle aurait eu des conséquences encore plus désastreuses. Il faut donc prévoir la construction de 20 000 à 30 000 MW de centrales nouvelles et remplacer un grand nombre d'unités âgées : les centrales thermiques d'époque soviétique, peu économes, et la quasi-totalité des tranches nucléaires qui vont atteindre leur limite d'âge. La mise en service de barrages serait bienvenue, mais ce type d'ouvrage requiert des délais de l'ordre de la décennie et un investissement plus important, d'autant que les sites intéressants sont situés en zone extrême, à l'est du pays.

L'implication du capital étranger est donc inévitable. Déjà intégrés dans différents projets de centrales thermiques et de barrages, les investisseurs étrangers ne pourront être majoritaires. Le principal frein à leur participation est le prix de vente de l'électricité, fixé par l'État à un niveau très bas et rendant la rentabilité des investissements aléatoire.

LES NOUVELLES RESSOURCES

ER L'AVENIR

L'expérience de Sakhaline

Au début des années 1990, les structures géologiques favorables situées autour de l'île de Sakhaline ont été divisées en blocs d'exploitation. Les deux premiers ont été concédés à des groupes occidentaux en 1993-1994 : Sakhaline 1 à Exxon-Mobil, Sakhaline 2 à un consortium Shell-Mitsui-Mitsubishi. Il s'agit encore à ce jour des plus gros investissements étrangers réalisés en Russie. D'importants gisements de gaz et de pétrole y étaient identifiés depuis 1989. Leur mise en valeur est cependant compliquée par les conditions d'englacement (six mois de banquise, souvent affectée de violentes dérives). La glace limite également l'évacuation des hydrocarbures vers les marchés extérieurs. Un premier terminal d'exportation de pétrole a été construit à Dekastri, dans une zone moins englacée, mais la production de gaz ne pourra démarrer que lorsque l'usine de liquéfaction de Korsakov, dans une zone presque libre de glaces, sera achevée, normalement en 2008.

LES INVESTISSEMENTS ÉTRANGERS À SAKHALINE

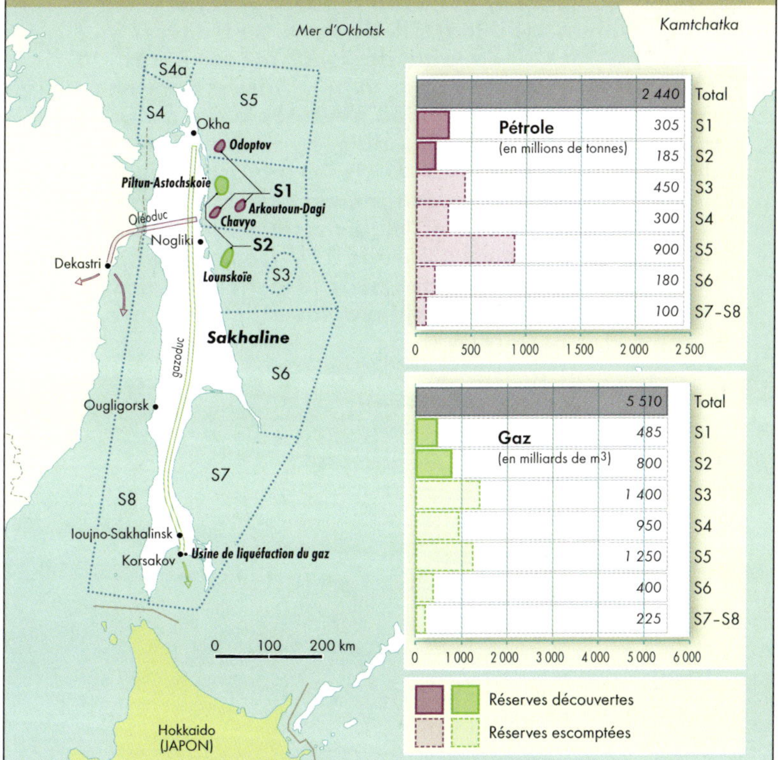

Sources : Economic Research Institute For Northeast Asia ; Rosnieft.

Investissement étranger et nouvelles ressources

UNE PARTICIPATION INDISPENSABLE. Sans les investissements étrangers, la Russie pourra difficilement explorer et exploiter les ressources présentes sur son sol. Dans certains cas, le savoir-faire d'entreprises étrangères est indispensable à l'exploitation. Ainsi pour la mise en valeur des gisements gaziers découverts en mer de Barents. Gazprom en effet ne maîtrise pas la technologie de l'exploitation *off-shore.* Or, les conditions d'exploitation en mer de Barents, en zone polaire, à 500 km d'un littoral presque inhabité, s'annoncent extrêmes : plus de 300 mètres de fond, des tempêtes fréquentes, avec des vagues de hauteur inconnue, une banquise dérivante. En juillet 2007, c'est le français Total qui a été retenu comme partenaire par Gazprom pour le gisement de Chtokman, l'un des plus importants.

LA SÉCURITÉ DES INVESTISSEMENTS. Des craintes sont parfois émises sur la fiabilité du partenaire russe. L'alarme a été vive à l'automne 2006, lorsque les accords Sakhaline 1 et 2 ont été remis en cause, au tout début de leur exploitation. Ces gisements étaient régis par des accords de partage de production (PSA), prévoyant que l'opérateur étranger ne reverse de royalties à l'État russe qu'après avoir réalisé un bénéfice couvrant l'investissement. Or, le coût estimé de ces derniers ne cessait de croître : Exxon avait réévalué son investissement sur Sakhaline 1 de 10 à 20 milliards de dollars, Shell estimait celui de Sakhaline 2 non plus à 6,5 mais à 19,6 milliards de dollars. La partie russe a estimé que ces contrats, arrachés en 1994 à un gouvernement Eltsine affaibli, étaient inégaux. Les opérateurs étrangers ont donc été contraints de céder la moitié des parts de ces gisements. Au même moment, le fisc créait des difficultés à BP à propos du gisement de gaz de Kovytka, non régi par un PSA, créant une inquiétude plus générale. Le gouvernement russe semble en fait s'aligner sur un principe très répandu dans le monde : les investissements étrangers sont les bienvenus, mais ils ne peuvent agir qu'avec un partenaire russe majoritaire.

> « *Selon l'Agence internationale de l'énergie, la Russie devra investir 935 milliards de dollars dans son secteur énergétique d'ici à 2030.** »

LES PROBLÈMES ENVIRONNEMENTAUX

Le régime soviétique, qui avait placé la société et l'information sous contrôle du Parti, se trouvait sans contre-pouvoir capable de dénoncer ses excès. Ses projets de mise en valeur du territoire n'ont donc connu aucune borne. Le milieu physique a été fragilisé par l'intensification agricole mais, en ce domaine, les mécomptes étaient tels que les pratiques étaient rapidement ajustées. Aménagement fluvial et industrie, dont les conséquences sont moins visibles et moins directes, ont davantage dégradé l'environnement. Il faudra beaucoup de temps pour résorber certains dommages, changer les technologies et, plus encore, les mentalités des acteurs.

TYPOLOGIE DES POLLUTIONS ET PROBLÈMES

- **L'eau**
  - Problèmes environnementaux liés à la gestion des lacs et réservoirs
  - Pollution extrême des cours d'eau
  - Pollution forte des cours d'eau
- **L'atmosphère**
  - Zones présentant les plus grandes quantités de matière polluante rejetée dans l'atmosphère
- **L'agriculture**
  - Terres agricoles affectées par les tempêtes de poussière
  - Difficultés de maîtrise de l'irrigation (salinisation, montée des nappes)
  - Régions de ravinement des terres labourées
- **Le nucléaire**
  - Sites de stockage et de démantelement des sous-marins nucléaires
  - Zones d'immersion de réacteurs nucléaires usagés
  - Accident nucléaire grave dans le passé

Sources :
P. Marchand, *La Volga : aménagement et environnement*, 1990 ;
N. Koronkievitch, I. Zaïtseva, *Antropogiennie vozdieïstvie na vodnye resoursy Rossii*, 2003 ;
Rossiskii Statistitcheskii Ejegodnik, 2006.

La pollution industrielle

Dans les années 1990, la Russie a nourri la chronique internationale des situations écologiques désastreuses. L'une des sources principales de ces catastrophes était l'industrie de conception soviétique, qui avait coutume de rejeter les déchets dans la nature. Les cours d'eau des régions industrielles et minières, « évacuateurs naturels », ont été particulièrement affectés par cette pratique généralisée, dont les traces sont encore visibles.

Le plus grave a certainement concerné l'industrie nucléaire. De 1948 aux années 1960, le centre de Tcheliabinsk 65 aurait ainsi déversé trois fois la quantité de radioactivité émise lors de l'accident de Tchernobyl dans la rivière qui le baigne. Déchets radioactifs et réacteurs usagés de sous-marins nucléaires ont été immergés en nombre dans les mers arctiques.

Un terme a été mis à une partie de ces errements. Le rééquipement de tout un appareil industriel est cependant long et coûteux. Or, dans la décennie passée, beaucoup d'entreprises n'ont pas eu les moyens d'investir.

Par ailleurs, les informations sur l'extraction pétrolière en Sibérie montrent qu'il n'est pas certain que les pratiques aient beaucoup changé. Entièrement tournés vers le pompage et l'exportation, les pétroliers négligent les réseaux de conduites. Les ruptures et autres accidents aboutiraient au déversement de quelques millions de tonnes dans la plaine chaque année. On remarque (carte ci-contre) que certains cours d'eau de Sibérie occidentale figurent parmi les plus pollués du pays. La société civile a donc encore à s'affirmer en Russie…

> « *La richesse de notre pays en ressources et matières premières nous a corrompus. Nous dépensons bien plus en matières premières et en énergie par unité de production que les autres nations développées.* »
>
> M. GORBATCHEV, *PERESTROÏKA*, 1987.

LA VOLGA APRÈS LA RÉGULARISATION

Source : P. Marchand, *La Volga : aménagement et environnement*, 1990.

Les aménagements hydrauliques

UN RÉGIME « AMÉNAGEUR ». Les aménagements fluviaux russes ont tous été conçus et réalisés à une époque soviétique où on visait la production la plus forte possible, sans aucun égard pour l'environnement. Pour les barrages, on cherchait le site permettant la plus grande hauteur de chute. En conséquence, en plaine, le lac de retenue créé était le plus vaste possible et la submersion de terres et le déplacement de population maximaux. Puisque les conditions naturelles concentrent 60 % de l'écoulement au printemps, le principe retenu a été celui d'une rétention de la crue en vue de son déstockage progressif jusqu'au printemps suivant. La variation de niveau est donc très forte, ce qui affecte constamment la stabilité des rives.

Les grands projets d'irrigation liés aux aménagements de la Volga, du Kouban (ou d'Asie centrale) eurent des conséquences désastreuses, et difficilement réversibles. Pour mieux remplir ces objectifs, les services ouvraient le plus grand nombre de kilomètres de canaux, négligeant de les revêtir, ce qui a abouti à de grandes pertes d'eau. Rapidement, la salinisation a frappé largement. Mais, dès 1983, le régime avait renoncé à poursuivre le projet sur la Volga et depuis, partout, de nombreux périmètres irrigués ont été abandonnés.

LE CAS DE LA VOLGA . La conséquence la plus négative concerne la Volga. Ce fleuve abritait 80 % des frayères des esturgeons vivant en Caspienne mais se reproduisant en eau douce. Le barrage de Volgograd a fermé totalement la Volga. Or, presque tous les substrats rocheux servant de frayères aux esturgeons se trouvaient à l'amont de ce site. Depuis 1958, date de mise en service du barrage, l'espèce a perdu la quasi-totalité de son espace de reproduction volgien. Les usines de reproduction artificielle ayant échoué dans leur mission, l'esturgeon est gravement menacé. Concurrencées au surplus par le braconnage, les prises ont progressivement régressé avant de s'effondrer (p. 62-63).

LE MIRACLE ÉCONOMIQUE POUR TOUS ?

À l'époque soviétique, les institutions internationales, sur la base des donnée fournies par Moscou, créditaient l'URSS d'un PIB par habitant fictif de plusieurs milliers de dollars. La réévaluation selon des critères internationaux, a ramené la Russie à un PIB de 1 500 $ par habitant en 2000. En 2006, il a déjà triplé et s'établit à 4 500 $. Les écarts sont toutefois énormes. Au sommet de la hiérarchie se trouve la poignée d'oligarques et une classe moyenne supérieure qui représentent de 20 à 30 % de la population. La classe moyenne inférieure constitue la majeure partie de la population et les laissés-pour-compte, plus de 20 %. L'évaluation précise est en fait difficile.

L'AMPLEUR DU COMMERCE DE DÉTAIL

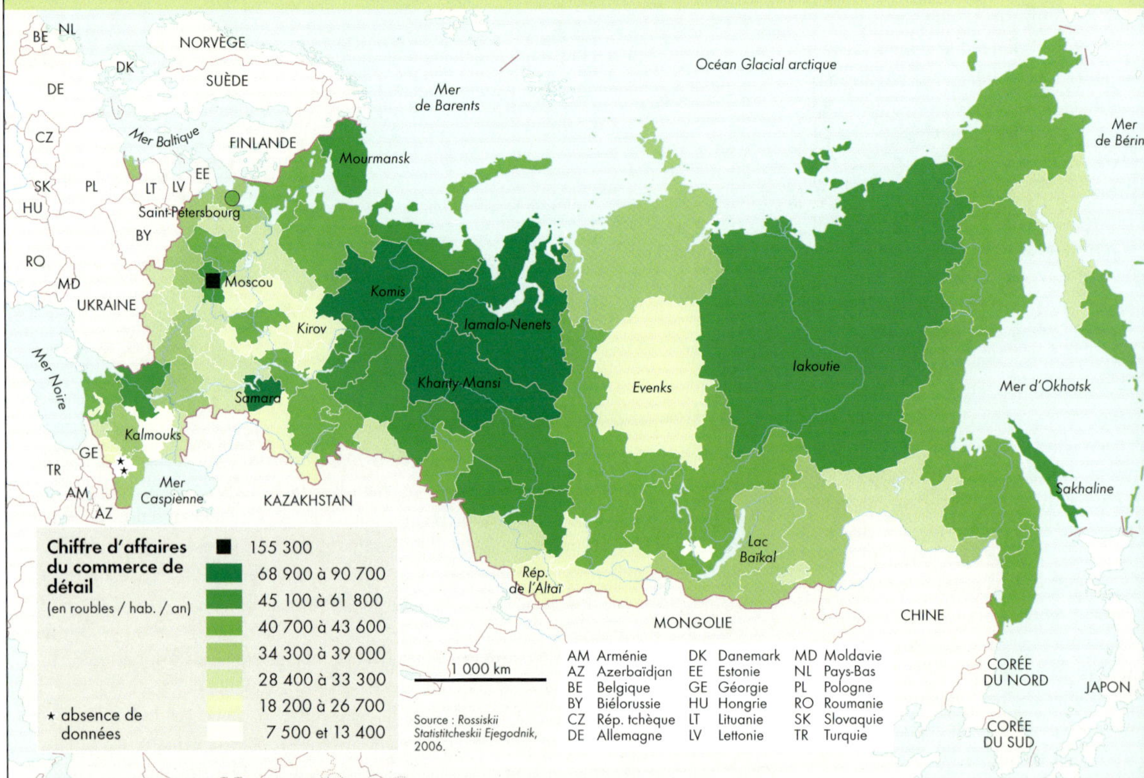

Ces deux cartes illustrent la difficulté de saisir le niveau de vie à travers les indicateurs statistiques officiels.

Pour le chiffre d'affaires du commerce de détail par tête d'habitant, on note l'écart très fort entre Moscou et le reste du pays. Samara et le Kouban constituent deux autres îlots de prospérité. Tous trois s'inscrivent pourtant dans un espace de valeurs faibles couvrant toute la Russie moyenne. Une autre ceinture de valeurs faibles s'observe le long des frontières méridionales du pays, du Caucase à l'Asie orientale. Dans le Nord et en Sibérie, un bloc de « sujets », du Tatarstan à Irkoutsk, semble bénéficier de la rente provenant des produits bruts et de première transformation (acier, aluminium). Ces données sont cependant à relativiser : l'importance de la sous-déclaration dans le secteur du commerce rend la mesure imprécise, les prix plus élevés du Grand Nord et de Sibérie la faussent.

L'image offerte par l'autre indicateur de consommation, le parc automobile, diffère d'ailleurs sensiblement. Cet indicateur est plus précis, car il est impossible de rouler sans plaque minéralogique, donc sa déclarer son véhicule. On retrou quelques zones phares (les capitales, Kouban, Samara, les « sujets » fournisseu d'hydrocarbures ou de métaux). C remarque surtout les fortes valeurs d « sujets » proches des frontières des pa développés (à l'est comme à l'ouest), l'i portation de véhicules d'occasion po revente sur le marché intérieur étant ur activité très répandue. La Russie moyenn notamment la partie sud, fait meilleu figure sur cette carte.

LA POPULATION PAUVRE

Part de la population en dessous du minimum vital, entre 1992 et 2004 (en %)

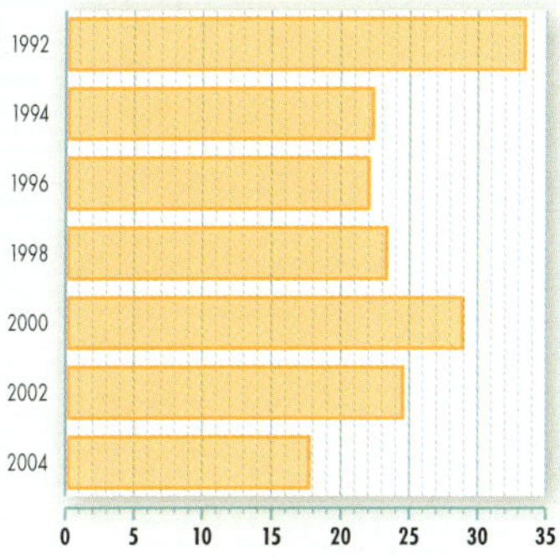

Source : Rossiskii Statistitcheskii Ejegodnik, 1998 et 2006.

> « *[À Moscou,] les plus modestes sont naturellement à des années-lumière de la planète pétrodollars des boîtes de nuit déjantées de la capitale de la flambe.* »
> E. Wattez, *Capital*, janvier 2007.

Qui sont les pauvres ?

Combien de pauvres ? En 1999, après le krach, le Goskomstat estimait que 30 % de la population vivait sous le seuil de pauvreté, mais ce chiffre annuel résultait d'une moyenne entre quatre mesures, celle du premier trimestre indiquant 38 %, celle du dernier 26 %. Le Conseil national du niveau de vie retenait quant à lui le chiffre de 54 %, pour l'année. Quant aux Russes, interrogés par le Centre de l'opinion publique, 81 % s'estimaient « en dessous du seuil de pauvreté » !

La mesure du revenu. Dans un pays où l'individu se méfie instinctivement de l'État, mesurer le revenu est délicat. Ainsi, l'*oblast* de Kaliningrad se situe parmi les plus misérables de Russie en ce qui concerne le revenu, mais égale Moscou, la « ville lumière », pour le nombre de véhicules pour 1 000 habitants !

En plus du « bizness », comme l'achat et la revente de véhicules d'occasion importés (avec un bénéfice unitaire de 1 000 euros, dans le cas de Kaliningrad), il faudrait tenir compte d'autres ressources. Ainsi, trois quarts des urbains possèdent un lopin de terre sur lequel ils assurent une grande partie de leur subsistance ; la plupart sont devenus propriétaires de leur logement presque gratuitement lors de la privatisation ; électricté et chauffage leur sont toujours assurés à des prix dérisoires ; leur entreprise leur fournit différents services et revenus en nature ; la majorité des personnes ont deux emplois, parfois trois, exercés pendant les heures de travail officielles, etc.

Les catégories concernées. Deux catégories font figure de victimes de la transition. La plus importante est celle des retraités, dont les pensions fixes ont très mal suivi la hausse des prix. Avec des pensions de 60 à 100 euros par mois, elles sont souvent contraintes d'avoir un « petit boulot » que leur état physique rend difficile. L'autre catégorie est celle des intellectuels (musiciens, enseignants, journalistes, etc.) et des médecins. Bien considérés à l'époque soviétique, leurs salaires de fonctionnaires n'ont pas non plus suivi l'inflation et leurs compétences sont difficiles à monnayer sur le marché.

LA POPULATION ÉQUIPÉE D'UNE AUTOMOBILE

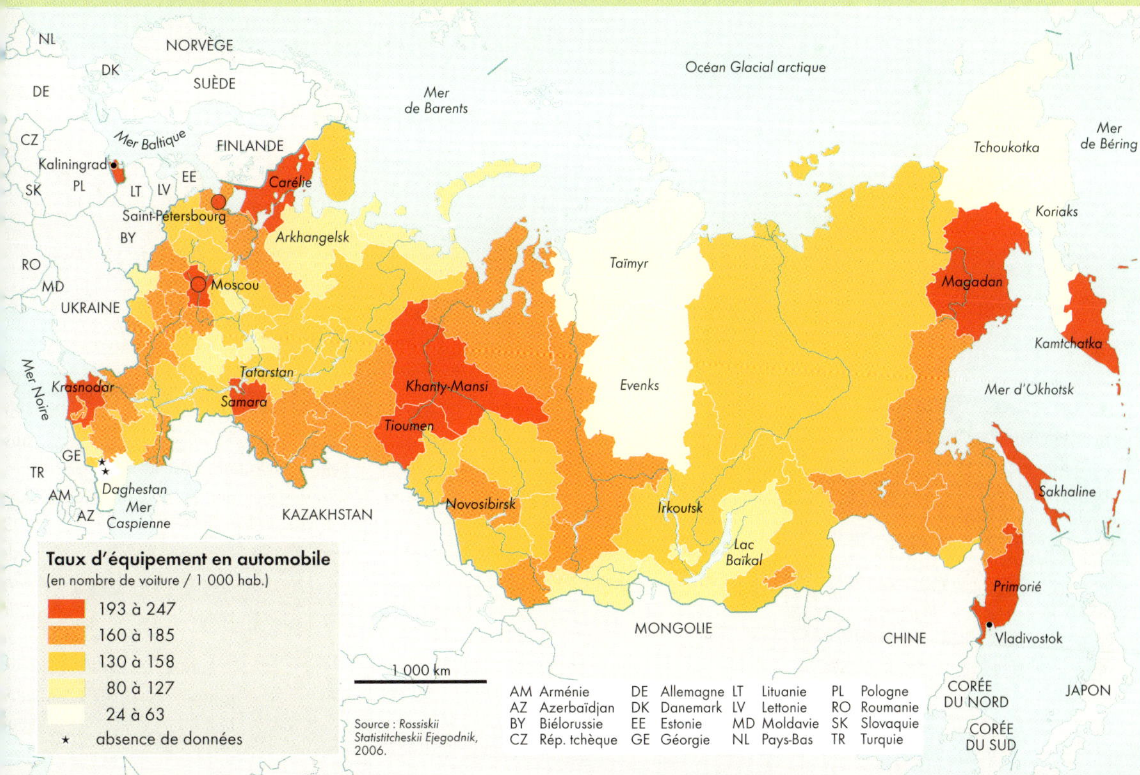

Source : Rossiskii Statistitcheskii Ejegodnik, 2006.

L'ARCHIPEL URBAIN

Très réduit à l'époque tsariste, le patrimoine urbain russe actuel est (sauf Moscou et Saint-Pétersbourg), un legs du régime soviétique qui a conçu un réseau très différent de celui de l'Occident. La fonction quasi unique de la ville était l'industrie : de l'ampleur de son appareil industriel dépendait sa taille. Toutes les fonctions commerciales et financières de la ville occidentale étaient inexistantes. Toute relation avec l'extérieur passait par Moscou. Les centres urbains les plus importants ne disposaient d'aucune autonomie, la planification centrale décidant de l'implantation de la moindre usine. C'est ce réseau qu'il s'agit de réadapter au monde métropolisé.

LE RÉSEAU URBAIN

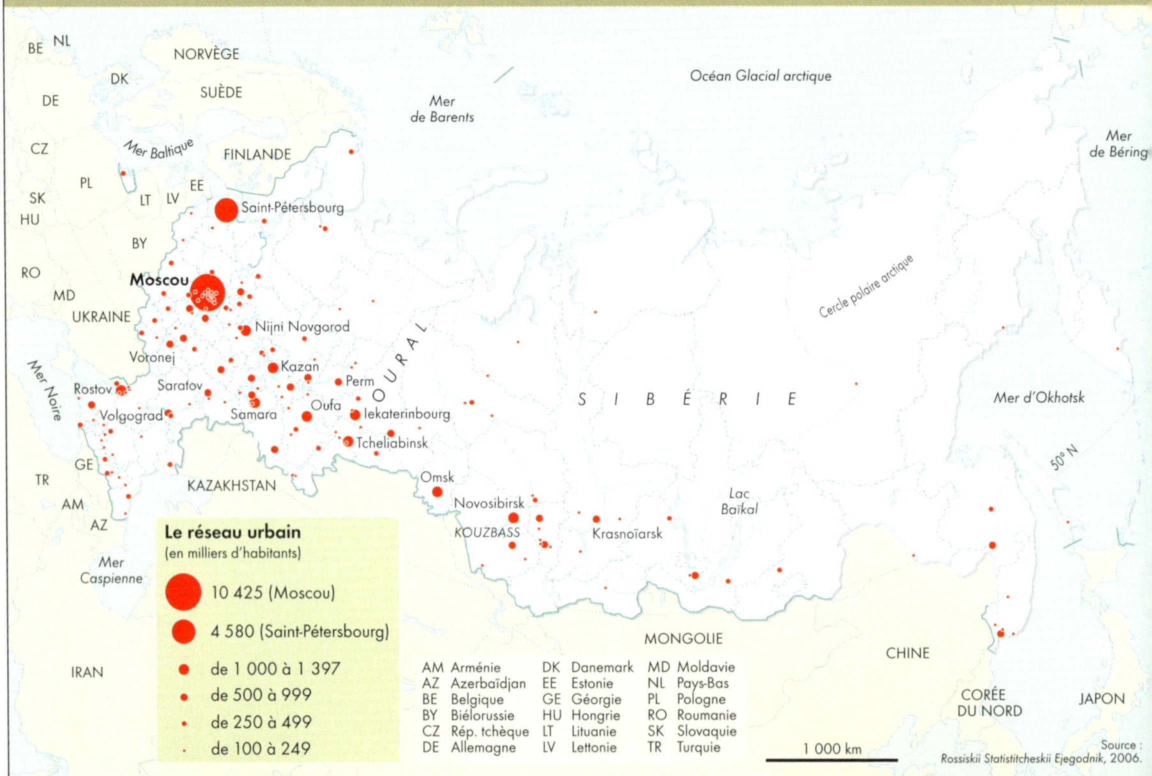

> *La quasi-totalité des villes russes est concentrée sur moins d'un tiers du pays, dans un triangle Saint-Pétersbourg-Kouzbass-Caucase.**

LA POPULATION URBAINE

L'évolution de la population urbaine par rapport à la population totale
(en % et en millions d'habitants)

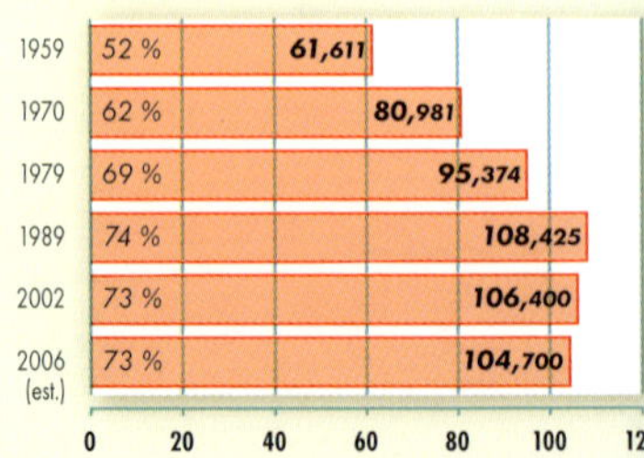

Source : Rossiskii Statistitcheskii Ejegodnik, 2006

TAUX D'ÉQUIPEMENT DES FOYERS URBAINS

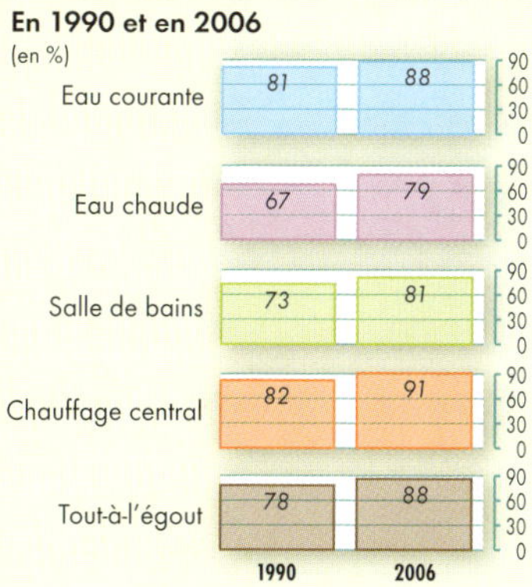

Source : *Rossiskii Statistitcheskii Ejegodnik*, 2006.

La dynamique urbaine

À l'époque soviétique, le pouvoir affirmait vouloir limiter la croissance de Moscou à environ 7 millions d'habitants. Le recensement de 1989 avait démenti ces assurances : on y avait recensé 8 617 000 habitants, contre 7 854 000 en 1979. Depuis, ce sont les autorités municipales qui ont repris à leur compte la volonté de limitation de la croissance, avec encore moins de succès, puisque le recensement de 2002 a dénombré 10 126 000 habitants, sans compter les résidents clandestins, encore plus nombreux qu'à l'époque soviétique.

À côté de cette expansion incontrôlée, tout le réseau urbain russe se trouve en panne de croissance. Parmi les grandes villes, seules Saint-Pétersbourg et Rostov, animées par les activités commerciales, ont enregistré une modeste croissance de 5 % de leur population entre les deux recensements. À l'exception de Kazan et Volgograd, qui enregistrent un gain dérisoire de moins de 2 % en onze ans, les dix autres villes de plus de 900 000 habitants en 1989 ont vu leur population régresser entre les deux recensements.

Le phénomène est presque généralisé en Russie, comme le montrent les chiffres de la population urbaine totale de 1989 et 2002. Il prend un caractère massif dans les villes du Grand Nord comme Mourmansk, qui passe de 472 000 habitants en 1989 à 336 000 en 2002. Les villes russes ont les plus grandes difficultés à sortir de leur spécialisation industrielle d'époque soviétique.

Quelles métropoles pour la Russie ?

La Russie compte douze villes millionnaires ou submillionnaires, hors Moscou.

LES FONCTIONS MÉTROPOLITAINES. À l'époque soviétique, elles n'étaient que des villes industrielles plus importantes que les autres. Sur le plan administratif, elles n'étaient que des centres d'*oblast* et n'avaient aucun pouvoir de commandement au-delà de leur circonscription. Avec le retour au capitalisme, un tertiaire supérieur s'est rapidement développé en Russie. Il s'est toutefois massivement focalisé sur Moscou, qui concentre 85 à 90 % de ce secteur. Avec la Bourse et l'essentiel de l'appareil bancaire, Moscou est le seul centre financier du pays. Saint-Pétersbourg figure toujours au second rang mais compte une part très faible de l'activité. Héritage des tsars, elle est la seule à disposer par ailleurs d'une dimension culturelle, avec le théâtre Marinski, rival du Bolchoï de Moscou, ainsi que d'un patrimoine susceptible de faire de la ville une capitale touristique. Les autres grandes villes ne disposent que de bribes de services supérieurs et sont parfois classées après des villes de taille moyenne comme Novgorod. Elles ont aujourd'hui leur autonomie, mais leur rayonnement est limité par cette faiblesse. Elles peuvent toutefois nouer des relations extérieures.

L'ESQUISSE D'UN RÉSEAU. C'est par la fonction de *hub* régional que certaines grandes villes esquissent une fonction métropolitaine de connexion directe avec le monde. L'initiative est venue des compagnies aériennes occidentales, Lufthansa surtout, mais également British et Austrian Airlines. Le choix des liaisons est encore sujet à des fluctuations, mais Iekaterinbourg, relié à huit métropoles européennes (dont Londres, Paris, Francfort et Munich), s'érige en porte d'entrée pour l'Oural industriel et pour Bakou III. Un appareil de tertiaire supérieur est en train d'y naître (centre de congrès, hôtellerie de luxe). Rostov pour le Sud, Samara pour la moyenne Volga, avec des liaisons plus limitées, commencent à s'imposer dans leurs espaces respectifs. En revanche, Novosibirsk, sans arrière-pays industriel, ne s'impose pas comme le *hub* sibérien. Lufthansa y a interrompu la liaison ouverte avec Francfort.

QUEL SECTEUR ÉCONOMIQUE POUR QUELLES MÉTROPOLES ?

La part et le classement des grandes villes russes dans les secteurs de l'audit, la banque et l'assurance

(00) Classement parmi les 15 premières villes de Russie

Les grandes villes russes	Population (en millions d'habitants)	Audit (%)	Banque (%)	Assurance (%)
Moscou	10,425	(1) 86,00	(1) 87,50	(1) 88,70
Saint-Pétersbourg	4,580	(2) 6,42	(2) 4,56	(2) 4,50
Iekaterinbourg	1,308	(5) 0,66	(5) 0,79	(11) 0,18
Oufa	1,030	(12) 0,16	(3) 1,44	
Kazan	1,113	(7) 0,43	(4) 0,84	
Tcheliabinsk	1,093	(6) 0,51	(12) 0,23	
Novosibirsk	1,397	(4) 0,95	(13) 0,19	
Omsk	1,139	(13) 0,16		
Rostov	1,055	(11) 0,22		(12) 0,16
Nijni Novgorod	1,284			(15) 0,04
Samara	1,143		(10) 0,27	

(case vide) Ne figurent pas dans le classement des 15 premières villes

Sources : *Expert*, 22 mars 2004 pour la banque ; 29 septembre 2006 pour l'assurance ; 2 novembre 2005 pour l'audit.

LA DÉPOPULATION DE L'ESPACE RURAL

Le pouvoir politique a toujours délaissé la campagne. Sous les tsars, l'immense constellation des villages peuplés de moujiki ne faisait l'objet d'aucune attention. Le régime soviétique, qui se méfiait de cette relique de l'ordre ancien, voulait reloger les paysans dans les HLM rurales des « agrovilles » pour transformer leurs mentalités par le biais du mode de vie. La nouvelle Russie n'a pas davantage fait d'efforts pour aider la ferme familiale et promeut la grande exploitation agro-industrielle, nouvel avatar de l'« agroville ». Tous reculent en fait devant l'investissement que représenterait l'équipement en routes et commodités de l'immense Russie rurale.

La « gloubinka »

« Dans les *raïons* de Kholm et Marevo dans le sud de l'*oblast* de Novgorod, à 450 km de Moscou et à 250 km de Saint-Pétersbourg, se trouve l'une des zones les plus frappées par la dépopulation. L'économie ici est tombée en ruine, les champs sont à l'abandon et les villages offrent un spectacle pitoyable : des maisons bancales se tiennent à plusieurs centaines de mètres l'une de l'autre.

Parvenir jusqu'aux nombreux villages, pourtant au milieu du mois de juillet, et même en camion, fut difficile. Aux alentours, sur des kilomètres, c'est le désert complet. Dans un des villages, nous n'avons découvert que deux vieillards. Depuis quelques années ils n'ont pas quitté cet endroit et vivent seulement de leur potager et de ce qu'amène une camionnette, normalement une fois par semaine, mais plus rarement par mauvais temps. Le kolkhoze s'est retiré d'ici il y a longtemps, ils ne se souviennent d'ailleurs plus quand.

Ils nous ont raconté qu'un jeune couple avec deux enfants a tenté de s'installer. Ils avaient amené des vaches, des poules, ils ont labouré les terres, mais ils n'ont pas pu vivre, ils sont partis. Dans un tel isolement, en l'absence de chemins, mener une exploitation est très lourd. Et les loups et les serpents les ont vaincus. Voilà comment avance la nature sauvage, engloutissant notre monde rural profond. »

T. Nefedova, *Sielskaïa Rossia na pieriepoutie (À la croisée des chemins)*, éd. Novoïe Izdatielstvo, 2003. *Traduction de l'auteur.*

ÉVOLUTION DE LA POPULATION RURALE

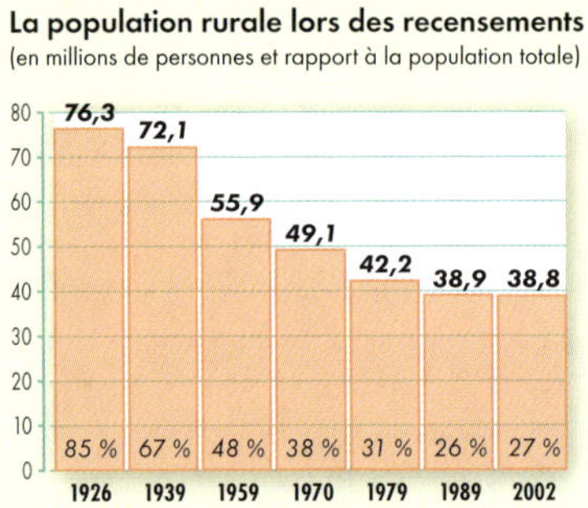

Sources : *Demografitcheskii ejegodnik rossiskoï federatsii*, 1993 ; *Rossiskii Statistitcheskii Ejegodnik*, 2005.

TAUX D'ÉQUIPEMENT EN EAU COURANTE DES VILLAGES

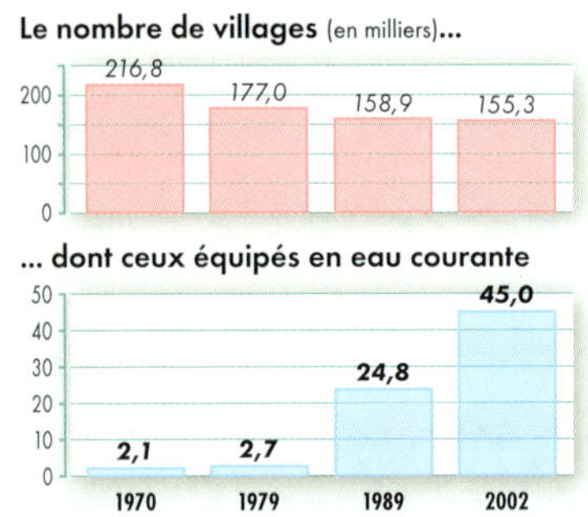

Source : *Rossiskii Statistitcheskii Ejegodnik*, 2006.

ÉQUIPEMENT DES FOYERS RURAUX

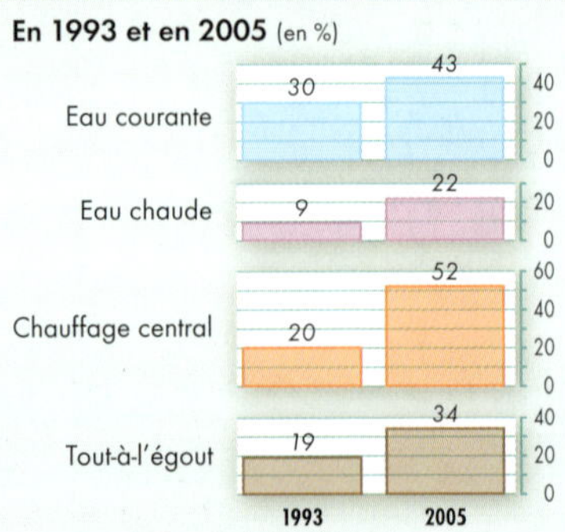

Source : *Rossiskii Statistitcheskii Ejegodnik*, 2006.

Une agriculture « privatisée »

En 1993, kolkhozes et sovkhozes ont été sommés par le gouvernement de choisir entre différentes modalités de privatisation. L'énorme majorité a choisi les formules permettant de se borner à préciser la part de chacun, sans procéder à leur délimitation, que l'absence de cadastre aurait d'ailleurs rendue difficile. La privatisation est donc restée de pure forme, chacun a reçu une part théorique et les collectifs ont continué à fonctionner comme avant, sous un autre nom.

La loi prévoyait que ceux qui le demandaient expressément pouvaient obtenir leur part de terre, de matériel et de cheptel, pour créer une ferme individuelle. Ceux qui l'ont fait ont obtenu de mauvaises terres, dispersées. En l'absence de réseau bancaire rendant l'investissement initial impossible et de réseaux commerciaux permettant d'acquérir des intrants (engrais, matériel, énergie) et de vendre ses récoltes, la vie des fermiers individuels, en butte à l'hostilité de ceux qui sont restés dans le collectif, est très difficile. On ne compte donc que 260 000 fermes individuelles dans toute la Russie (au 1er janvier 2006).

Le nombre de fermes privées restant faible, 80 % des terres sont toujours entre les mains des collectifs, désignés sous le terme de « grandes exploitations » ou d'« organisations agricoles ». Le reste de la SAU (surface agricole utile) se partage entre les fermiers et les lopins des employés des collectifs et des citadins. (P. Marchand, *Géopolitique de la Russie*, Ellipses, 2007)

1959-2002 : DE MOINS EN MOINS DE RURAUX

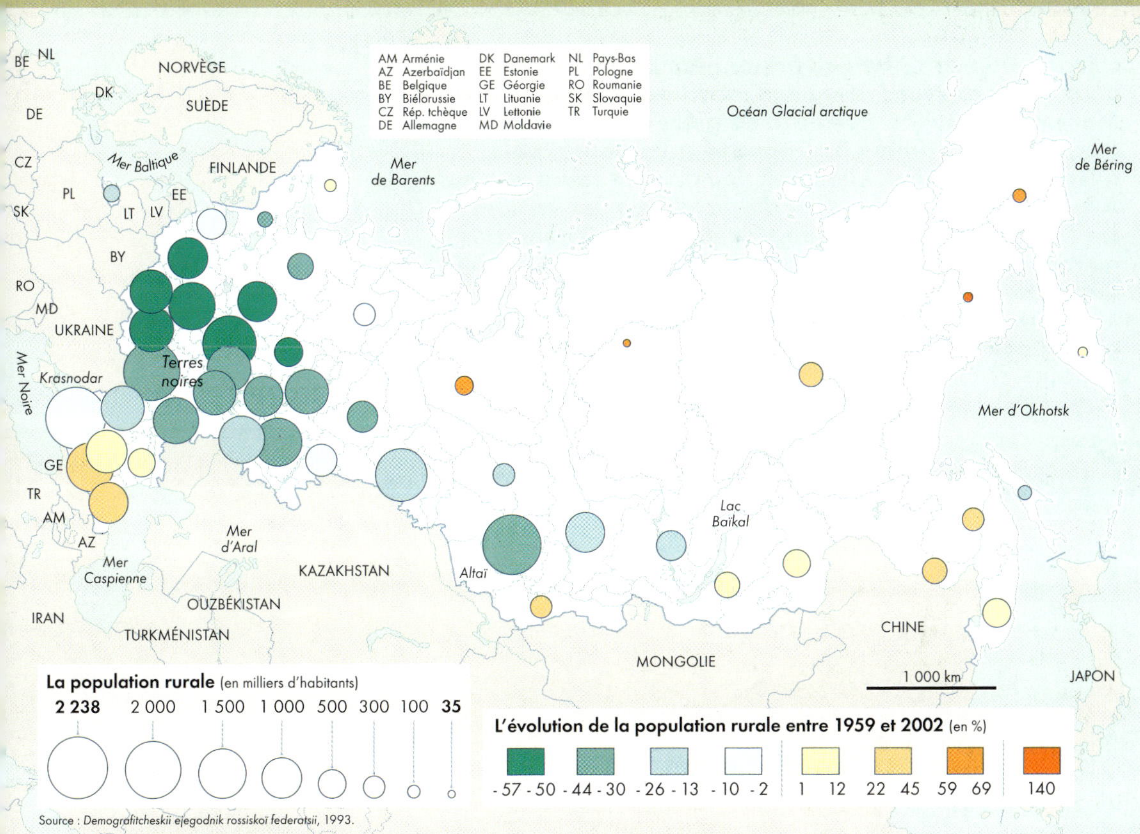

Source : *Demografitcheskii ejegodnik rossiskoï federatsii*, 1993.

> ***Selon les données des recensements, en 1959, la Russie comptait 294 000 villages. En 2002, elle n'en compte plus que 155 000, dont 47 000 ont moins de 11 habitants.****

DES VILLAGES DE MOINS DE SIX HABITANTS

Répartition du nombre de villages selon le nombre d'habitants

	1989	2002
Nombre total	**152 922**	**155 289**
• inf. à 6 habitants	16 925	32 997
• de 6 à 10	13 245	14 092
• de 11 à 50	44 674	38 073
• de 51 à 200	35 989	30 734
• de 201 à 1 000	33 701	31 311
• sup. à 1 001	8 388	8 082

Source : *Rossiskii Statistitcheskii Ejegodnik*, 2005.

Des campagnes désertées

L'EXODE RURAL. Entre les recensements de 1959 et de 1989, la population rurale a régressé d'un tiers et elle reste à ce niveau depuis. Les situations varient cependant fortement au sein de la Fédération. La population a en effet augmenté dans presque toutes les marges du pays. C'est le cas des régions de minorités situées au nord et au sud de la Sibérie, mais aussi dans les régions russes d'Extrême-Orient. Dans les deux cas, les effectifs concernés sont cependant minimes. Les régions de minorités du Caucase forment la seule zone d'accroissement important de la population rurale. La déprise rurale a surtout frappé la Russie occidentale, fortement peuplée. Au nord de Moscou, la population rurale s'est réduite de plus de moitié. Dans les fertiles terres noires, aussi bien que dans les régions de minorités de la Moyenne-Volga, la réduction est de 30 à 40 %. En Sibérie méridionale, c'est la région la plus fertile, l'Altaï, qui enregistre la plus forte diminution de population rurale !

LES DIFFICULTÉS DE LA VIE DANS LA « GLOUBINKA ». L'exode qui a frappé, et frappe encore, les campagnes russes vient de leur sous-équipement cumulé au cours des temps. Refuge d'archaïsme à l'époque des tsars, elles n'ont pas fait l'objet d'investissement sous le régime soviétique. Ce peu de considération se lit dans le nombre de villages équipés en eau courante. C'est à la fin de l'époque soviétique que le régime a fait quelques efforts d'adduction d'eau, mais en 1989 15 % seulement des villages étaient équipés. Aucune statistique n'était publiée sur l'équipement des ménages. Le premier inventaire en 1993 a montré des taux d'équipement d'un autre âge. À ces conditions médiocres, il fallait ajouter l'isolement auquel était contrainte la population rurale puisque le régime soviétique refusait la voiture individuelle. En 1990, 37 % des villages ruraux n'étaient pas desservis par la route, 14 % des foyers seulement possédaient le téléphone. Dans ces conditions et en l'absence de services et d'équipements de loisirs, les jeunes quittaient massivement les campagnes.

L'ARCTIQUE RUSSE

L'occupation de l'Arctique fut longtemps limitée aux deux ports du Nord européen : Arkhangelsk, puis surtout Mourmansk, seul à être libre de glaces. Au XXe siècle, l'exploitation minière fut engagée à Vorkouta, puis à Norilsk. Au début, elle avait lieu dans le cadre du goulag. Avec Novyi-Ourengoï, cœur du district gazier, ce sont les seuls centres urbains de plus de 100 000 habitants au monde à se situer à proximité immédiate ou au-delà du cercle polaire. Hormis ces concentrations urbaines et quelques villes minuscules, l'essentiel de l'Arctique est le domaine de l'élevage extensif du renne.

L'ARCTIQUE

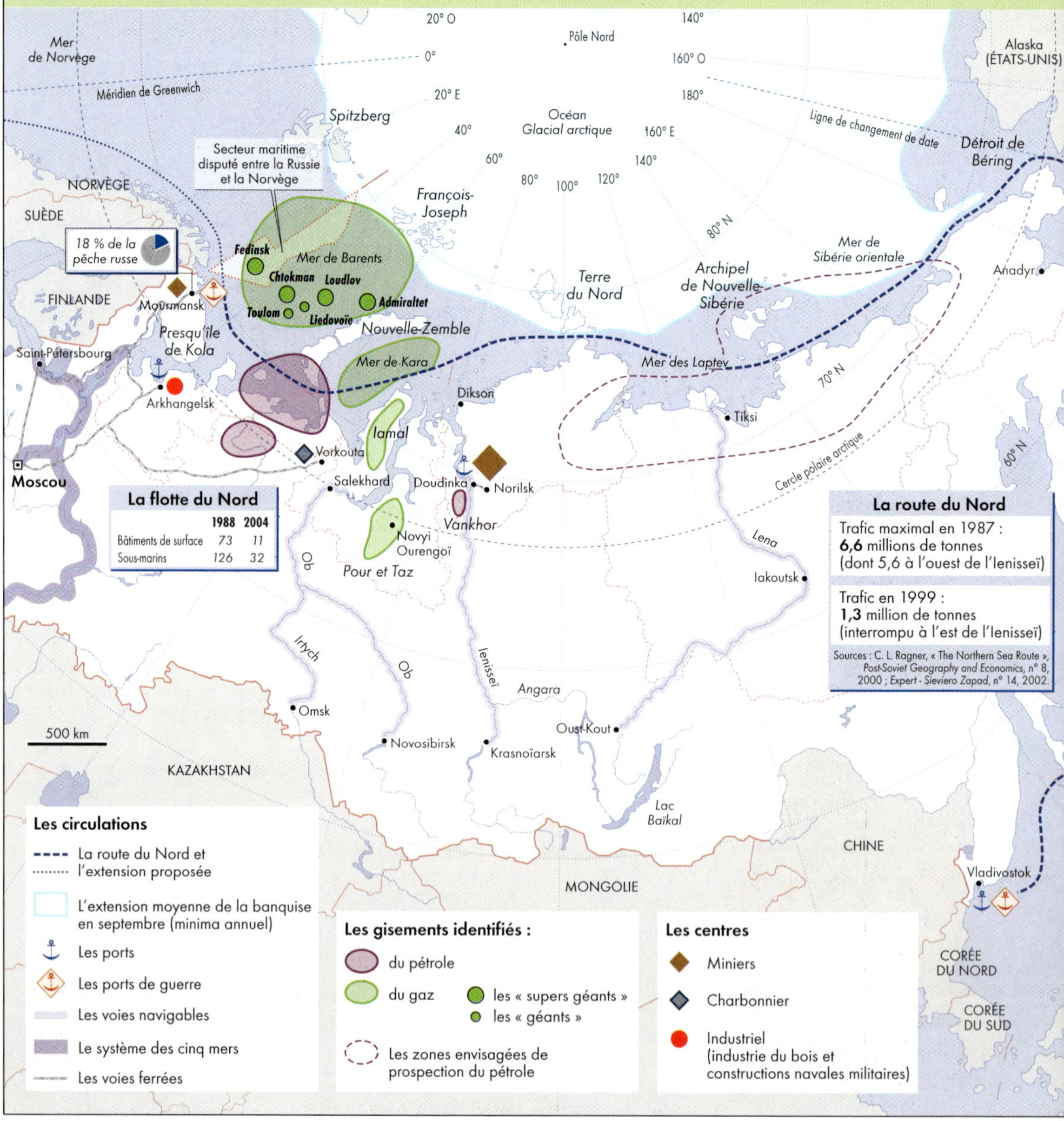

LA POPULATION URBAINE

La population des centres urbains
(en milliers d'habitants)

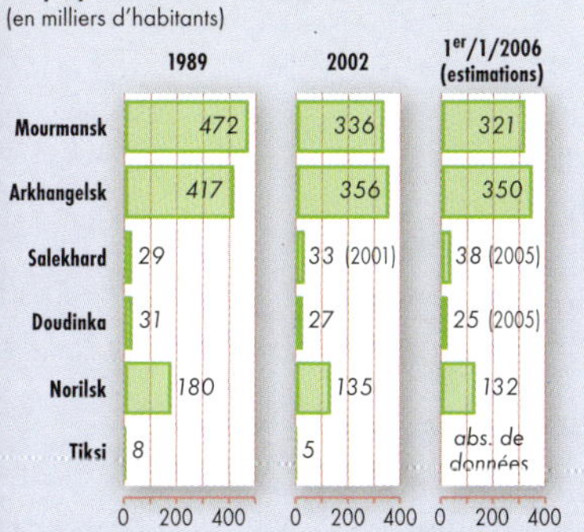

Sources : *Regiony Rossii*, 2005 ; *Tchisliennost nasielienia rossiskoï federatsii po gorodam.*

L'avenir de Mourmansk

Isolé à l'extémité nord du pays, le port de Mourmansk eut un rôle vital pendant les deux guerres mondiales. À l'époque soviétique, la ville était au cœur d'un énorme dispositif aéronaval étendu sur la presqu'île de Kola. Cette fonction stratégique a perdu de son intérêt. Mourmansk ne reste qu'un port de commerce modeste et un port de pêche. La baisse de la population de la ville, passée de 472 000 habitants en 1989 à 321 000 en 2006, témoigne de son déclin.

Les hydrocarbures nourrissent les espoirs des autorités. Un projet d'oléoduc privé a échoué mais la saturation des conduites existantes impose de trouver rapidement une solution pour l'expédition de pétrole du territoire de Nentsy, en plein essor. Amené par bateaux, le brut pourrait être transféré dans de gros tankers à Mourmansk, libre de glaces toute l'année. La ville est par ailleurs la seule base arrière possible pour les grands projets gaziers en mer de Barents. Elle pourrait également recevoir une grande usine de liquéfaction du gaz. L'expédition de GNL par mer concourrait à diversifier les voies de passage du gaz russe.

La « route du Nord »

Ouvert après la Seconde Guerre mondiale, cet axe fonctionnait à grand renfort de moyens d'État. En tant que lien entre Russie occidentale et Extrême-Orient, il n'était ouvert que deux mois par an. Depuis la fin de l'URSS, il est à peu près interrompu. Au-delà de l'Ienisseï, il ne dessert que quelques modestes points habités.

Les brise-glace sont concentrés à Mourmansk, notamment les six bâtiments à propulsion nucléaire. Leur principale fonction est de maintenir ouverte, y compris pendant une partie de l'hiver, la voie d'exportation des gisements métallifères de Norilsk. En revanche, les grands fleuves navigables n'amènent plus guère de cargaisons vers les ports du Nord. Sans subventions, il est plus rentable d'expédier le bois du sud de la Sibérie – qui descendait l'Ienisseï jusqu'à Doudinka et Igarka – par le Transsibérien.

Le vieillissement du parc de brise-glace, d'époque soviétique, pose problème pour le maintien de cette route.

> ***L'Arctique russe est devenu essentiel pour le gaz : 87 % de la production provient des bassins du Pour et du Taz, presque toutes les réserves identifiées s'y trouvent (presqu'île de Iamal, mer de Kara et de Barents).****

L'EXTENSION DE LA BANQUISE

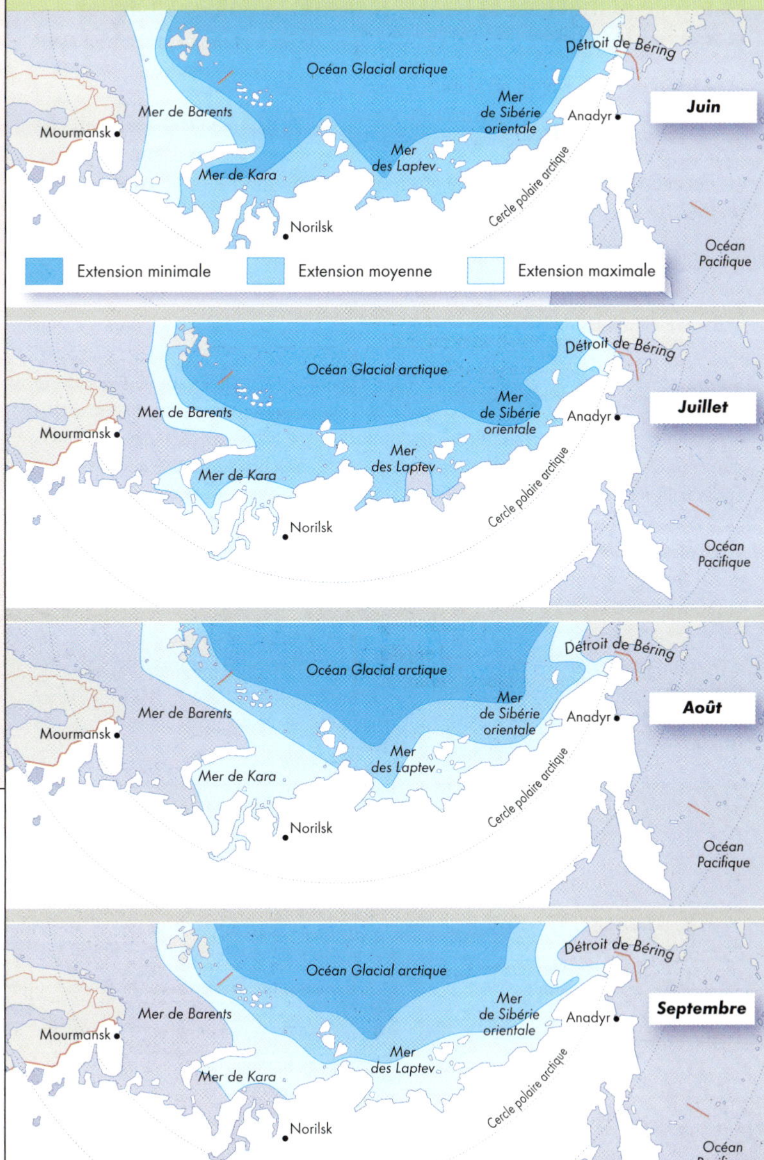

Source : A. Arkaïnen, *Soudokhodstvo v Idakh Arktiki*, 1990.

LE DÉBOUCHÉ BALTIQUE

C'est à partir des comptoirs baltiques de la Hanse que le pape Grégoire IX lança en 1239 une croisade pour convertir les « hérétiques », les chrétiens orthodoxes de Russie. Elle échoua à la bataille du lac Peïpous en 1242. À partir du XVIe siècle, la Pologne s'empara du projet de faire progresser le catholicisme et reculer le christianisme oriental dans l'isthme Baltique-mer Noire. À partir de 1700, la Russie de Pierre le Grand, devenue une puissance militaire, conquit le littoral baltique alors aux mains des Suédois. Puis, à l'intérieur des terres, Catherine II repoussa les frontières de la Pologne. Le choc de 1991 a annihilé ces expansions territoriales.

La façade baltique de la Russie (Estonie, Lettonie, Lituanie)

LA FAÇADE BALTE DE L'EMPIRE. Les ports hanséatiques de Riga et Revel (Tallinn) étaient spécialisés dans les échanges entre la Russie et l'Europe occidentale. Cette fonction a été renforcée par leur intégration à l'empire de Russie en 1721 dont Riga est toujours resté le principal port de commerce. Après la Seconde Guerre mondiale, l'URSS a confirmé cette tradition ancestrale. Ventspils, sur le littoral libre de glaces, est devenu l'un des deux principaux terminaux pétroliers du pays, renforcé ultérieurement par Klaipeda. Tallinn a été doté du seul terminal en eau profonde d'URSS, destiné à l'importation de céréales. Leningrad, encore en 1991, n'était qu'un port secondaire.

LA REDISTRIBUTION DES CARTES. Indépendants depuis 1991, les trois pays baltes sont rapidement entrés en concurrence. La Lituanie s'est dotée d'un second port pétrolier, Butinge, qui ne fonctionne qu'à 50 % de ses capacités. Ventspils, en Lettonie, bien qu'ayant fortement investi, voit son trafic pétrolier, son unique activité, stagner ou régresser selon l'année. Tallinn, en revanche, a attiré les hydrocarbures russes en Estonie et ses exportations – nulles en 1991 – sont passées à 24 millions de tonnes en 2005. Si les compagnies privées russes se réjouissent de cette rivalité, le gouvernement russe n'a pas vu d'un bon œil l'entrée des pays baltes dans l'OTAN puisqu'elle faisait passer les débouchés pétroliers de la Russie sous le contrôle de celle-ci. En réponse, le gouvernement russe a rapidement prolongé un oléoduc soviétique pour l'amener à Primorsk puis à Vyssotsk et y a construit deux terminaux pétroliers d'une capacité égale à celle de tous les ports baltes réunis. Des acteurs russes privés ont au surplus développé des installations à Oust-Louga et les autorités de Saint-Pétersbourg ont multiplié par cinq leurs capacités portuaires. En 2005, les ports russes du golfe de Finlande ont ainsi traité un volume presque égal à celui de tous les ports baltes réunis. D'autres extensions sont en cours.

ÉVOLUTION DU TRAFIC PORTUAIRE

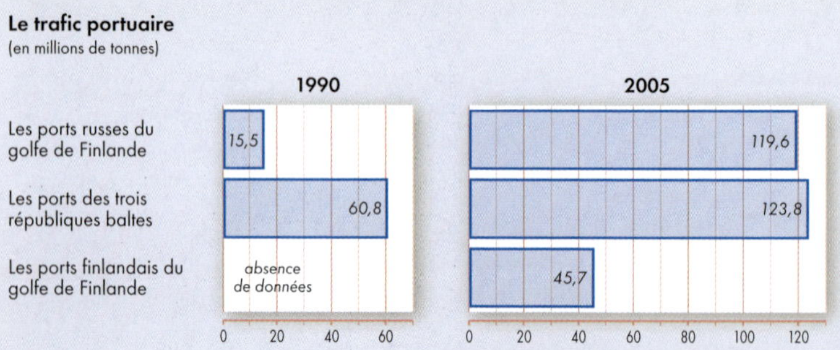

Sources : *Journal de la marine marchande*, 22 décembre 2006 ; J.-P. Bernard et *al.*, « L'économie des transports dans l'ex-URSS : réseaux, trafic, gestion », *Courrier des pays de l'Est*, n° 363, 1991.

> *Ne vous méprenez pas sur les intérêts de la Russie : elle n'a que trop de terres, c'est de l'eau seulement qu'elle doit chercher !*
>
> PIERRE LE GRAND, *in* M. P. REY, *DE LA RUSSIE À L'UNION SOVIÉTIQUE, LA CONSTRUCTION DE L'EMPIRE*, 1994.

Les « non-citoyens » des pays baltes

En 1991, on comptait 35 % de russophones en Estonie et 42 % en Lettonie. Dans ces États, l'octroi de la nationalité a donc été une question très sensible. La Lituanie, qui n'en comptait que 12 %, l'a attribué sans difficulté. En Estonie et Lettonie, la loi la limitait à ceux qui vivaient dans le pays en 1939 et à leurs descendants. En prévision de l'élargissement, l'UE a obtenu l'assouplissement de ces conditions. Les deux pays ont créé un statut de « non-citoyen» pour les personnes d'origine russe qui ne veulent pas, en choisissant un passeport russe, se déclarer étrangères dans le pays où elles ont toujours vécu, mais dont elles ne peuvent devenir citoyennes. Les « non-citoyens » bénéficient d'un passeport « gris » pour voyager dans l'UE, mais n'ont pas le droit de vote (sauf en Estonie, pour les élections locales). En 2003, on compte 163 000 non-citoyens en Estonie (sur 1 370 000 habitants) et 430 000 en Lettonie (sur 2,4 millions d'habitants).

La Baltique

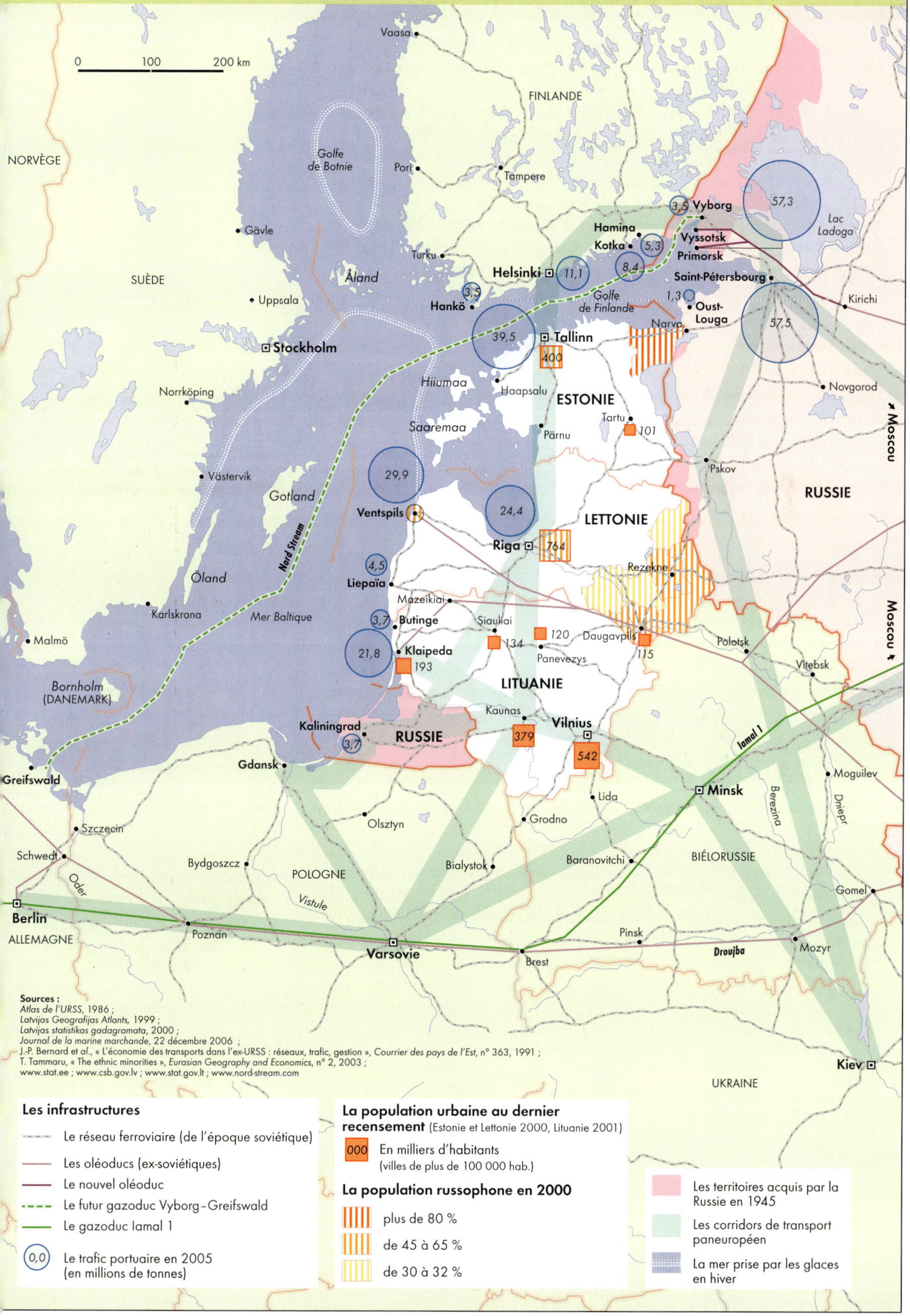
0 100 200 km
NORVÈGE
SUÈDE
FINLANDE
ESTONIE
LETTONIE
LITUANIE
RUSSIE
POLOGNE
BIÉLORUSSIE
ALLEMAGNE
UKRAINE
Bornholm (DANEMARK)
Golfe de Botnie
Åland
Golfe de Finlande
Mer Baltique
Gotland
Öland
Hiiumaa
Saaremaa
Lac Ladoga
Nord Stream
Iamal 1
Droujba
Oder
Vistule
Berezina
Dniepr
Moscou
Vaasa
Pori
Tampere
Turku
Gävle
Uppsala
Stockholm
Norrköping
Västervik
Karlskrona
Malmö
Helsinki
Hankö
Hamina
Kotka
Vyborg
Vyssotsk
Primorsk
Saint-Pétersbourg
Oust-Louga
Kirichi
Narva
Tallinn
Haapsalu
Pärnu
Tartu
Novgorod
Pskov
Ventspils
Riga
Rezekne
Liepaïa
Mazeikiai
Butinge
Siauliai
Klaipeda
Panevezys
Daugavpils
Polotsk
Vitebsk
Kaunas
Vilnius
Kaliningrad
Gdansk
Greifswald
Lida
Grodno
Minsk
Moguilev
Olsztyn
Szczecin
Schwedt
Bydgoszcz
Bialystok
Baranovitchi
Gomel
Berlin
Poznan
Varsovie
Brest
Pinsk
Mozyr
Kiev
57,3
3,5
5,3
8,4
11,1
3,5
1,3
57,5
39,5
29,9
24,4
4,5
3,7
21,8
3,7
400
101
764
120
134
115
193
379
542
Sources :
Atlas de l'URSS, 1986 ;
Latvijas Geografijas Atlants, 1999 ;
Latvijas statistikas gadagramata, 2000 ;
Journal de la marine marchande, 22 décembre 2006 ;
J.-P. Bernard et al., « L'économie des transports dans l'ex-URSS : réseaux, trafic, gestion », Courrier des pays de l'Est, n° 363, 1991 ;
T. Tammaru, « The ethnic minorities », Eurasian Geography and Economics, n° 2, 2003 ;
www.stat.ee ; www.csb.gov.lv ; www.stat.gov.lt ; www.nord-stream.com
Les infrastructures
Le réseau ferroviaire (de l'époque soviétique)
Les oléoducs (ex-soviétiques)
Le nouvel oléoduc
Le futur gazoduc Vyborg-Greifswald
Le gazoduc Iamal 1
0,0 Le trafic portuaire en 2005 (en millions de tonnes)
La population urbaine au dernier recensement (Estonie et Lettonie 2000, Lituanie 2001)
000 En milliers d'habitants (villes de plus de 100 000 hab.)
La population russophone en 2000
plus de 80 %
de 45 à 65 %
de 30 à 32 %
Les territoires acquis par la Russie en 1945
Les corridors de transport paneuropéen
La mer prise par les glaces en hiver

LE CARREFOUR BIÉLORUSSE

La Biélorussie se trouve sur le couloir de plaine qui court de la Mongolie à la mer du Nord. Dans l'histoire, aucune construction politique n'a pu tenir sur cet espace : hormis l'éphémère régime pro-allemand de 1918, il n'y avait jamais eu d'État biélorusse souverain avant 1991. Aujourd'hui, la Biélorussie apparaît comme un véritable carrefour. L'oléoduc gagnant les pays baltes, Droujba, et le gazoduc Iamal 1, qui fait transiter 20 % des exportations russes de gaz vers l'Ouest, empruntent son territoire. La liaison routière et ferroviaire Berlin-Moscou et les liaisons Baltique-mer Noire s'y croisent.

RECENSEMENT

La population en Biélorussie
(en millions)

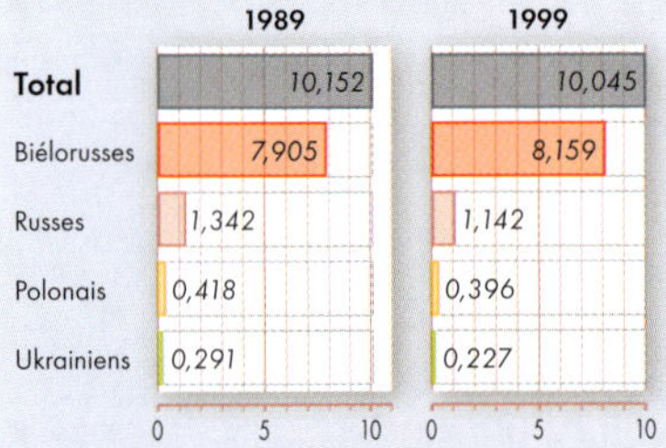

Sources : *Natsionalnyi sostav nasielienia SSSR*, 1989 ; R. H. Rowland, « Nationality population trends in Belarus during the recent intercensal period », *Eurasian Geography and Economics*, n° 7, 2003.

L'Arlésienne de l'union entre la Russie et la Biélorussie

Dès 1995, une union douanière est signée entre les deux pays, union à laquelle se joignent d'autres États membres de la CEI. Un fort accroissement du commerce entre les deux pays en a résulté. Un pas supplémentaire est franchi en avril 1996, avec la création de la Communauté russo-biélorusse, concrétisée par un traité d'union signé en avril 1997. Toutefois, les institutions prévues par le texte – Parlement unifié, monnaie unique, président commun – n'ont jamais vu le jour. La partie russe fait en effet preuve de peu d'empressement. À Moscou, les milieux réformateurs sont hostiles au président biélorusse Loukachenko, adversaire de l'économie de marché, qui maintient les structures soviétiques. Ils craignent aussi le coût de la réforme du pays.

Malgré la proximité culturelle de ces deux pays slaves et orthodoxes et leur passé commun, l'union n'est donc toujours pas réalisée. Il existe toutefois un Conseil suprême de l'union russo-biélorusse, susceptible d'intervenir à tout moment. La Russie a gardé en Biélorussie deux bases radar intégrées à son système de défense aérienne. Inquiété par l'intervention de l'Otan au Kosovo en 1999, Alexandre Loukachenko a proposé à la Russie un traité d'assistance militaire mutuelle en cas d'agression extérieure, mais cette dernière n'a pas encore donné suite. Sur un plan stratégique (pour Moscou), tous les axes vers Kaliningrad transitent toutefois par la Biélorussie.

COMMERCE EXTÉRIEUR

Les exportations et importations
(en milliards de dollars)

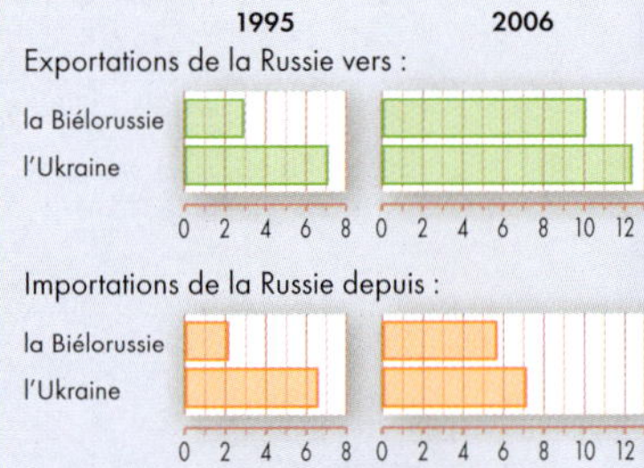

Source : *Rossiskii Statistitcheskii Ejegodnik*, 2006.

> ***Jusqu'à l'aube de l'ère soviétique, il est évident que rien ou presque ne pouvait laisser présager l'apparition à cet endroit d'un individu géographique appelé Biélorussie.***
> **Y. RICHARD, *REVUE GÉOGRAPHIQUE DE L'EST*, 1998, N° 4.**

UNE ZONE D'AFFRONTEMENTS

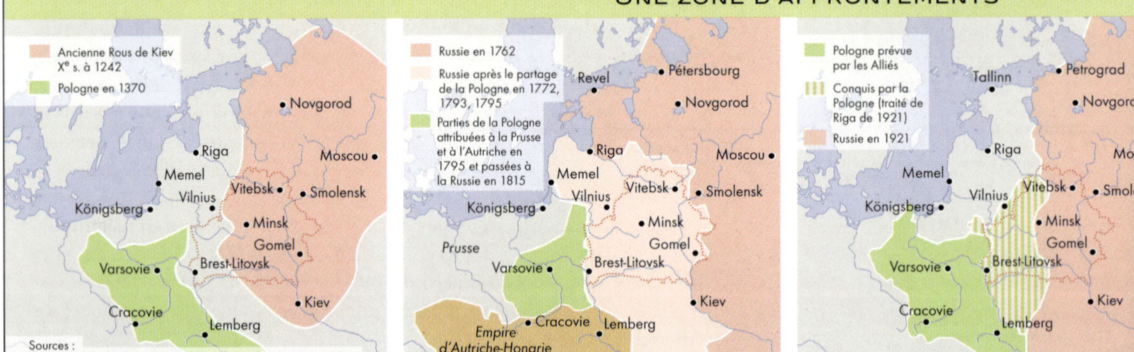

Sources : P. Vidal de La Blache, *Atlas classique*, Armand Colin, Paris, 1894 ; R. Millner-Gulland, *Atlas de la Russie*, Éditions du Fanal, Paris, 1990 ; N. Riasanovsky, *Histoire de la Russie*, Laffont, Paris, 1987 ; J. Channon, *Atlas historique de la Russie*, Éd. Autrement, Paris, 1997.

LA PLAQUE TOURNANTE BIÉLORUSSE

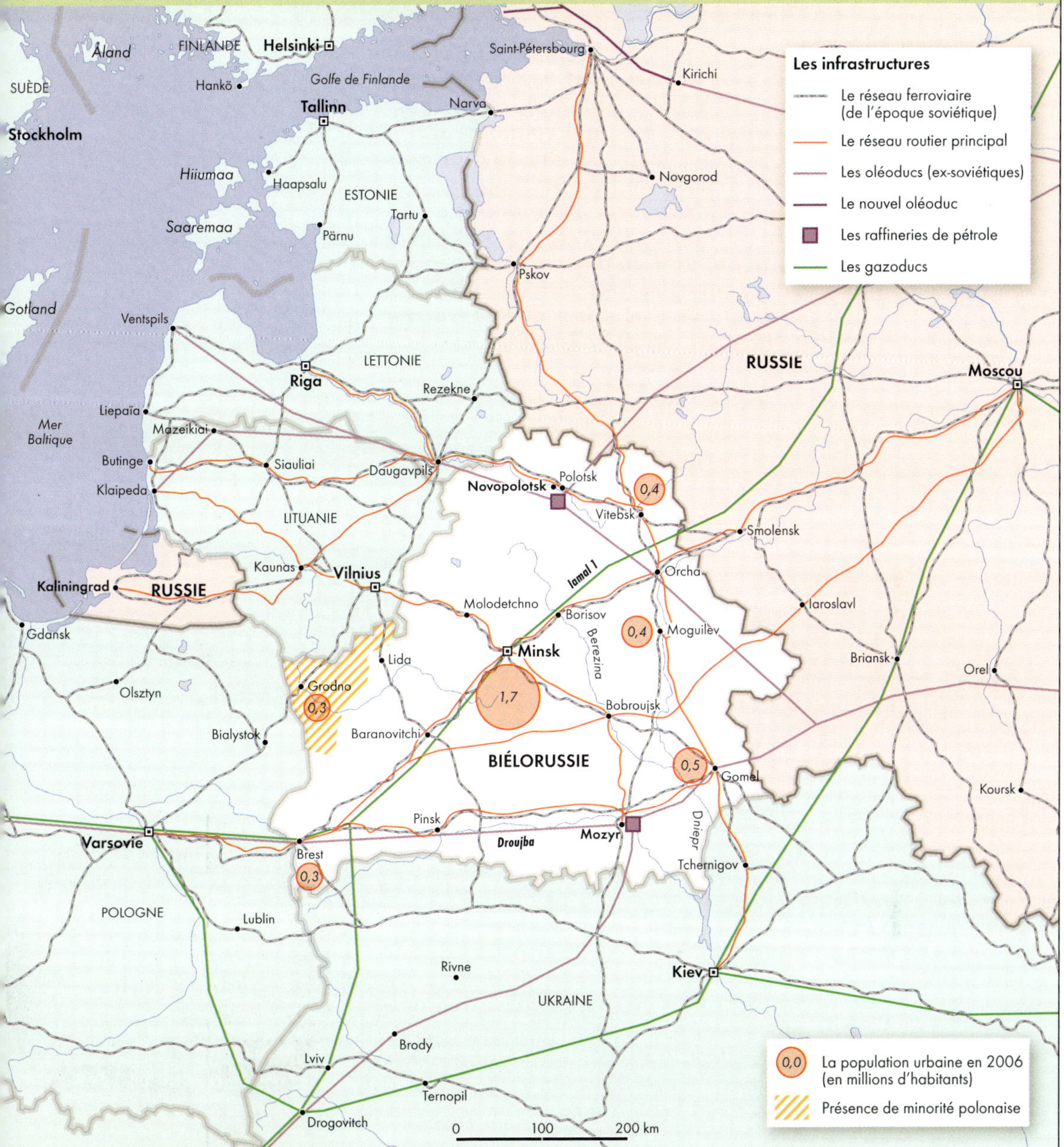

Les conflits sur le transit du gaz et du pétrole

Depuis 1991, en échange de droits de transit faibles, la Biélorussie bénéficiait de prix d'achat très bas pour le gaz russe. L'industrie russe critiquait cette faveur de Gazprom à ses concurrents biélorusses. Lors de la remise en cause des tarifs, en janvier 2007, la Biélorussie a obtenu d'acheter son gaz à 100 \$ les 1 000 m³ – deux fois le prix précédent, mais loin de celui exigé de la Géorgie (230 \$) – contre un doublement des droits de transit (passés à 1,45 \$ les 1 000 m³ aux 100 km) et contre la cession de 50 % du réseau de distribution biélorusse Beltransgaz pour 2,5 milliards de dollars.

Une crise a également éclaté à propos du raffinage du pétrole russe en Biélorussie. Celle-ci recevait du pétrole à prix réduit, le raffinait et le réexportait, avec une plus value de 1,7 milliard de dollars. L'accord de 1991 prévoyant un partage de ce pactole entre les deux pays n'était plus respecté. Le gouvernement russe a imposé une taxe d'exportation d'un montant équivalent.

LES RELATIONS AVEC L'UKRAINE

Proche par la langue et la religion, l'Ukraine est intégrée à la Russie depuis 1654. Plus précisément, les cosaques du Dniepr, en lutte contre l'occupant polonais, ont à cette époque fait allégeance au tsar. C'est pour commémorer cet événement qu'en 1954, Khrouchtchev, lui-même d'origine ukrainienne, a détaché la Crimée de la république soviétique de Russie, pour l'attribuer à la république soviétique d'Ukraine. En décembre 1991, lors les derniers soubresauts de l'URSS, la population ukrainienne a, par référendum, massivement choisi l'indépendance (90 % de oui). Avec l'élargissement de l'UE, l'Ukraine se trouve aujourd'hui écartelée entre celle-ci et la Russie.

LE VOISIN UKRAINIEN

Le contentieux gazier

En 1991, 95 % des exportations gazières russes transitent par l'Ukraine. En échange de gaz à bas prix, Gazprom bénéficie d'un tarif de transit réduit. L'Ukraine, en difficulté économique, règle mal ses factures. Gazprom l'accuse de siphoner les gazoducs sans payer. Au cours des négociations mêlant le politique et l'économique, on vit même l'Ukraine payer des factures de gaz en cédant des bombardiers stratégiques…

En 1995, Moscou réduisit sa dépendance en obtenant l'accord de Varsovie, pourtant proche de Kiev, pour construire Iamal 1, conduite permettant de faire passer 20 % du gaz russe en évitant l'Ukraine. Depuis, Gazprom a encore diversifié ses routes d'exportation : Blue Stream rejoint la Turquie depuis 2001, le North European Gas Pipeline est en construction sous la Baltique, des projets s'élaborent en mer Noire (p. 58-59). Fin 2005, une crise entre la Russie et l'Ukraine menace le fonctionnement du gazoduc, donc l'approvisionnement de l'Europe de l'Ouest. Moscou voulait imposer à la coalition « orange » l'alignement du prix sur le tarif européen, soit 240 $ les 1 000 m³ (contre 95 $). Après un premier compromis, un accord est trouvé lors du retour au pouvoir de Viktor Ianoukovitch à Kiev. L'Ukraine obtient 55 milliards de m³ de gaz russe et turkmène à un prix moyen de 130 $ les 1 000 m³.

L'interrelation industrielle avec la Russie

Dans le cadre de l'URSS, l'industrie ukrainienne était très intégrée à celle de la Russie. Ceci se lit encore dans l'importance des échanges entre les deux pays (p. 54-55).

La symbiose est forte dans l'industrie de pointe. Une partie des usines du seul constructeur aéronautique ukrainien, Antonov, se trouve en Russie, notamment toute la division gros porteurs, bureaux d'études inclus. Le seul groupe ukrainien d'industrie spatiale, Youjnoïe, réalise un tiers de son activité avec la Russie. Ses fusées Zenit décollent de Baïkonour ou Plessetsk. Un autre tiers est réalisé dans le cadre de « Sea-Launch », en association avec Boeing et le russe Energia (p. 10-11).

L'Ukraine produit aussi différents types de missiles pour l'armée russe. Lorsque les gouvernements « orange » de Kiev se sont rapprochés de l'Otan, la production de deux d'entre eux a été rapatriée en Russie. De même, l'important motoriste ukrainien, Sitch, a perdu des contrats pour des réacteurs d'appareils des forces aériennes russes.

L'identité religieuse ukrainienne

Les Polonais, lors de leur présence en Ukraine du XVIe au XVIIe siècle, ont essayé de faire reculer l'orthodoxie en promouvant l'Église uniate, regroupant des fidèles de rite orthodoxe mais qui reconnaissent l'autorité du pape. Cette politique a été pour beaucoup dans le ralliement des Ukrainiens à Moscou, au nom de la foi orthodoxe. En 1918, lors de l'indépendance sous contrôle allemand, le gouvernement ukrainien crée une Église orthodoxe autocéphale, indépendante du patriarcat de Moscou. Éliminée par les bolcheviks, elle ne s'impose que parmi les émigrés ukrainiens d'Amérique du Nord.

En 1991, quelques jours avant le référendum d'indépendance, le gouvernement ukrainien crée une nouvelle Église orthodoxe autocéphale, car il refuse de voir triompher celle d'Amérique du Nord, mais la majorité des orthodoxes est restée fidèle au patriarcat de Moscou. Il y a trois Églises orthodoxes en Ukraine.

L'IDENTITÉ UKRAINIENNE

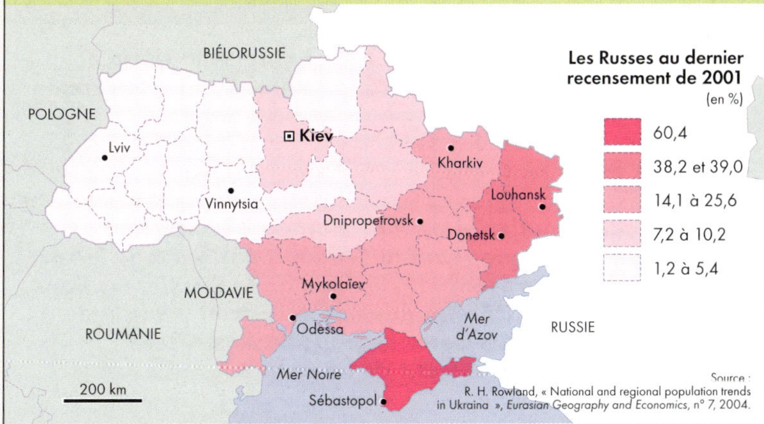

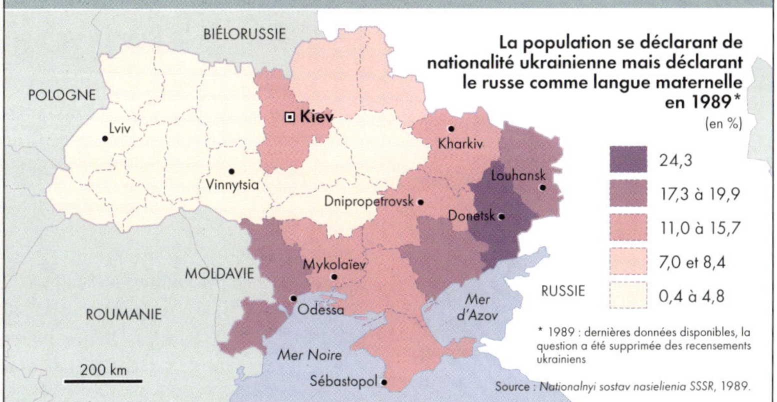

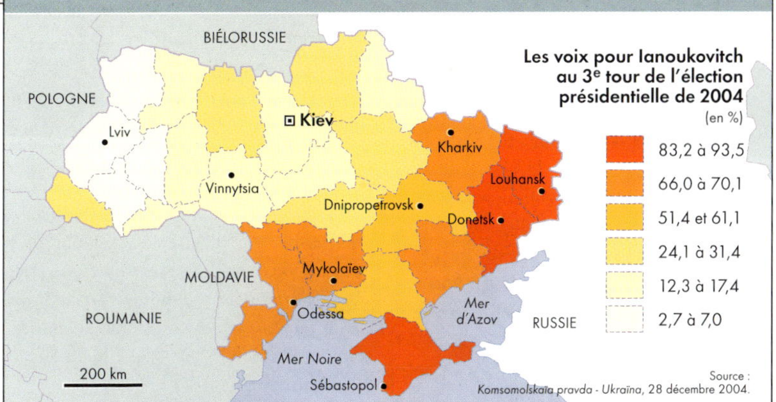

> « *À l'est de l'Ukraine, la région de Kharkiv est intégrée à l'empire des tsars depuis 1533. À l'ouest, jusqu'en 1945, la région de Lviv n'avait jamais été sous le contrôle de Moscou.** »

Ianoukovitch prorusse ?

Aux élections présidentielles de 2004, l'Ouest a voté à 90 % pour Iouchtchenko et l'Est à 90 % pour Ianoukovitch. Mais à l'Est, ce pourcentage dépasse de très loin celui des citoyens qui se déclarent de nationalité russe, même si on y ajoute les Ukrainiens déclarant le russe comme langue maternelle. Ianoukovitch était majoritaire dans les régions qui ont de fortes relations économiques avec la Russie, à l'Est (Kharkiv) comme à l'Ouest (Odessa).

La Russie et la mer Noire

Les armées russes de Catherine II ont, au XVIIIe siècle, conquis le littoral de la mer Noire sur les Tatars de Crimée soutenus par les Turcs. La Nouvelle-Russie autour d'Odessa, la Crimée, les terres entourant la mer d'Azov ont alors seulement reçu un peuplement slave.
Au XXe siècle, ces régions du Sud, dont la population se déclarait en majorité de nationalité « ukrainienne » à l'époque soviétique (sauf la Crimée), ont partagé le sort de l'Ukraine. La présence historique de la Russie, les liens commerciaux et le développement industriel y expliquent l'importance de la présence de populations russes et surtout le développement de la langue

L'imbroglio des hydrocarbures

Le goulot d'étranglement pétrolier. Le Bosphore est un passage étroit de 700 m par endroits, interdit de nuit, dans lequel les navires doivent croiser l'intense trafic entre les deux rives d'Istanboul. Les tankers, dont la capacité est limitée à 150 000 t, attendent donc des heures avant de passer, à petite vitesse. L'oléoduc BTC, financé par la Berd et les États-Unis, inauguré en 2005, offre une solution pour acheminer le pétrole du sud de la Caspienne (p. 60-61). CPC, russo-kazakh, évacuera le brut du Nord par Novorossiisk. Pour contourner le Bosphore, le pipe-line Bourgas-Alexandroupolis entrera en service en 2009, avec une capacité de 35 millions de tonnes (accord signé en mars 2007). Au prix de deux transbordements, il permettra d'utiliser des tankers beaucoup plus gros. Le projet d'oléoduc Odessa-Brody offrirait une voie vers le réseau européen, mais ce dernier est déjà encombré (carte p. 56).

Conflits sur les routes du gaz. L'UE cherche à accéder au gaz d'Asie centrale en contournant la Russie (projet de gazoduc Nabucco) mais la Russie, le Kazakhstan et le Turkménistan se sont entendus en mai 2007 pour renforcer le réseau ex-soviétique qui conduit le gaz vers l'Europe occidentale, siphonnant la ressource visée par Nabucco. Pour l'UE, le recours au gaz iranien serait politiquement difficile. Nabucco pourrait se connecter au gazoduc BTE – dont les États-Unis financent actuellement la construction – à Erzeroum. Le problème sera d'alimenter BTE : l'Azerbaïdjan a peu de gaz et l'exploitation de la Caspienne du Sud, ou la poursuite du gazoduc vers le Turkménistan, ne sera possible qu'après partage de la mer (p. 62-63). Gazprom et ENI ont quant à eux construit en 2001 un gazoduc sous-marin entre Russie et Turquie, Blue Stream. Gazprom propose aujourd'hui de doubler sa capacité et de le pousuivre vers l'Europe occidentale, selon le même tracé que Nabucco. Par ailleurs, en juin 2007, Gazprom et ENI ont décidé de construire d'ici à 2010 une conduite en partie sous-marine vers l'Italie, à travers Bulgarie et Albanie.

Les intérêts de la Russie autour de la mer Noire

La Crimée. La Crimée constitue une république autonome de l'Ukraine. Au recensement de 2001, sa population (2,4 millions d'habitants) était formée de Russes (60 %), d'Ukrainiens (20,4 %) et de Tatars de Crimée, que Staline avait déportés en Asie centrale mais qui sont revenus lors de l'effondrement de l'URSS (10 %). La flotte et la base de Sébastopol ont fait l'objet d'un conflit entre Kiev et Moscou, jusqu'à l'accord de mai 1997. L'Ukraine a alors obtenu une grande part de la flotte ex-soviétique – largement obsolète – tandis que la Russie gardait l'usage de la base aéronavale de Sébastopol, louée 100 millions de $ par an (payés sous forme de gaz). C'est la principale base militaire russe à l'étranger : 13 000 hommes y stationnent et elle emploie un personnel de 16 000 civils. En 2005, le séjour de navires de guerre américains dans la partie ukrainienne de la base avait provoqué de vifs incidents : la présence de forces occidentales à Sébastopol est en effet perçue en Russie comme une menace directe.

Moldavie et Transnistrie. La Moldavie était une république soviétique constituée à partir de la Bessarabie, roumanophone. Staline y a ajouté la rive gauche du Dniestr, peuplée de Russes et d'Ukrainiens. À partir de 1992, le risque d'une fusion entre Moldavie et Roumanie a été à l'origine d'un conflit armé entre forces moldaves et population slave, soutenue par le contingent russe présent autour d'importants dépôts d'armes. Le cessez-le-feu n'est survenu qu'en 1995.
La Transnistrie est peuplée de 780 000 habitants, pour moitié ukrainiens, pour moitié russes. La majorité de la population y possède un passeport russe et cherche la protection d'une puissance slave, en l'occurrence la Russie, qui lui paraît plus ferme que l'Ukraine. Sur le modèle kosovar, les autorités ont organisé un référendum en 2006 (97 % ont voté pour l'indépendance et pour le rattachement ultérieur à la Russie). La Russie n'y maintient qu'un effectif symbolique (deux bataillons, soit un millier d'hommes).

L'évolution du trafic

Le trafic portuaire (en millions de tonnes)

	1990	2005
Ports russes	58,8	143,7
Ports ukrainiens	74,6	91,4
Ports roumains	?	60,6
Ports bulgares	?	23,2
Ports turcs	?	21,9
Ports géorgiens	10,2	17,1

Sources : *Journal de la marine marchande*, 22 décembre 2006 ; J.-P. Bernard et *al.*, « L'économie des transports dans l'ex-URSS : réseaux, trafic, gestion », *Courrier des pays de l'Est*, n° 363, 1991.

LA MER NOIRE

> **“ *L'Eskadra, flotte soviétique en Méditerranée, comptait 43 bâtiments majeurs en 1987. Son héritière, la flotte russe de mer Noire, n'en compte plus que 7 en 2004 (et la flotte ukrainienne, 3).* ”**
>
> **THE MILITARY BALANCE, 1987-1988 ET 2003-2004.**

LE TRAFIC PORTUAIRE EN 2005

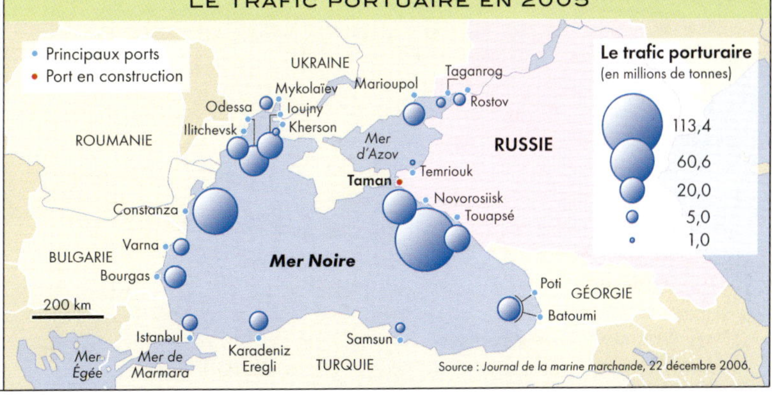

Le Caucase

L'expansion russe n'est arrivée sur les contreforts du Caucase qu'au début du XIXe siècle. La chaîne est mince mais la circulation y est très difficile, les modestes glaciations quaternaires n'ayant pas dégagé de grandes trouées. Aujourd'hui encore, le haut Caucase n'est traversé que par quatre axes nord-sud. Cette montagne-refuge abrite des peuples numériquement peu nombreux, retranchés sur des territoires réduits, au particularisme très affirmé, qui cohabitent depuis des siècles sans aucune fusion. En Transcaucasie, le relief est moins élevé mais très compartimenté. Trois États (Géorgie, Arménie, Azerbaïdjan) à l'histoire millénaire y coexistent difficilement.

La poudrière caucasienne

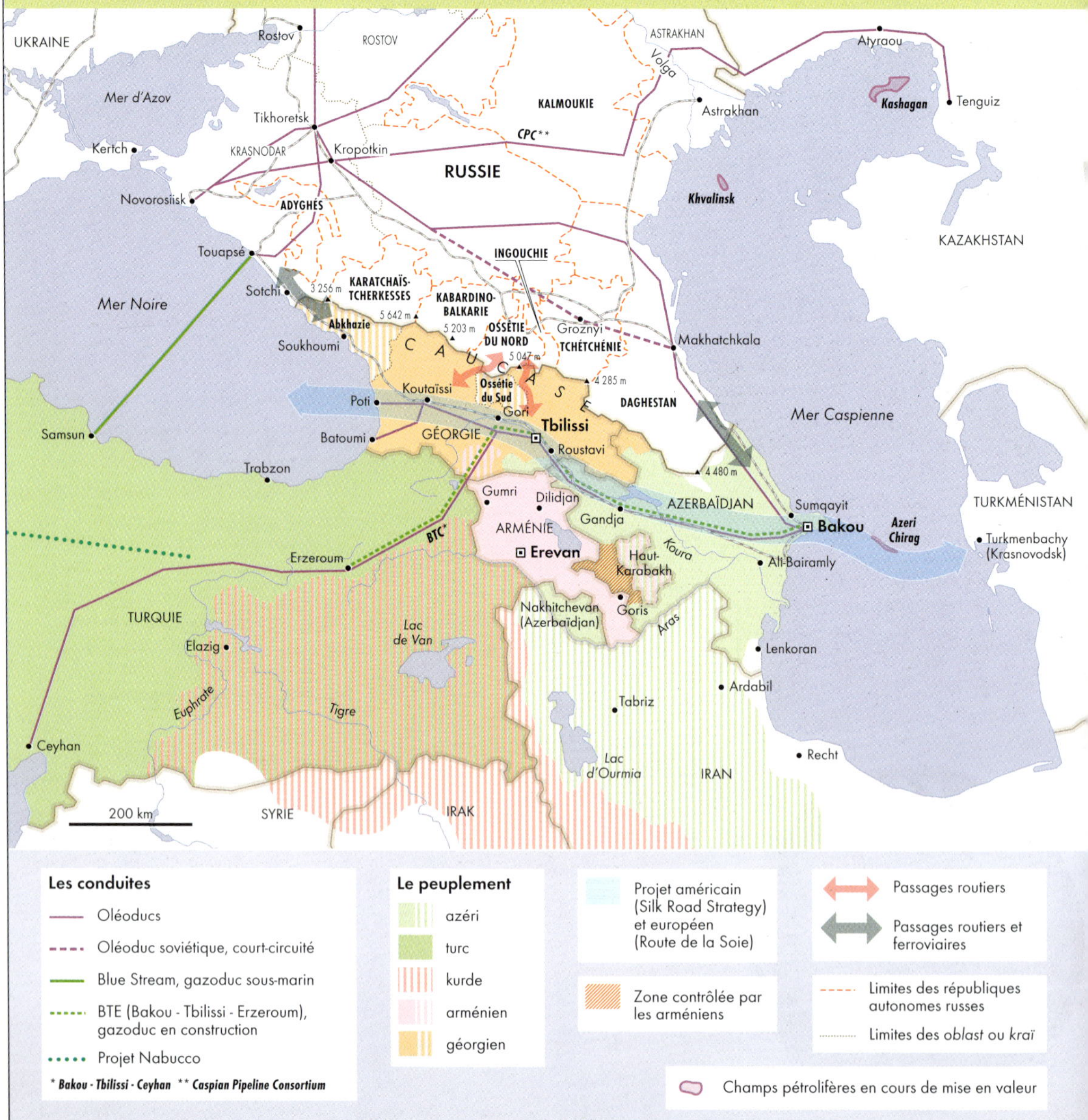

Des relations internes délicates

Des conflits latents. Le communisme avait maintenu gelés les conflits ancestraux mais l'imbrication se lisait dans la marquetterie de la structure territoriale soviétique, toujours en vigueur en 2007 :

– sur le modeste Caucase russe, on comptait six territoires autonomes, dont trois rassemblent les peuples deux par deux (Kabardino-Balkars, Karatchaïs-Tcherkesses, Tchétchéno-Ingouches). L'un (le Daghestan) est une mosaïque délicate sur lequel vivent une cinquantaine d'ethnies ;

– la petite Géorgie comportait deux territoires autonomes sur sa partie montagneuse : l'Abkhazie, 8 600 km², 526 000 habitants (dont 93 000 Abkhazes, mais 239 000 Géorgiens) et l'Ossétie du Sud, 3 900 km², peuplée de 98 000 habitants, dont 65 000 Ossètes ;

– l'Azerbaïdjan s'étendait également sur le Nakhitchevan, à la frontière turque, mais incluait un territoire autonome, le Haut-Karabakh (4 400 km²), surtout peuplé d'Arméniens (145 000 sur 189 000 habitants en 1989).

Une explosion généralisée. Avant même la fin de l'URSS, de violents conflits éclatent :

– en Azerbaïdjan, des pogroms anti-arméniens en 1988 puis en 1990 chassent les Arméniens, sauf au Haut-Karabakh où, majoritaires, ils proclament leur indépendance en 1992. Un long conflit meurtrier opposa armées azerbaïdjanaise et arménienne, jusqu'au cessez-le-feu de mai 1994. Depuis, les forces arméniennes contrôlent le Haut-Karabakh et le corridor qui le relie à l'Arménie ;

– l'Abkhazie s'est proclamée souveraine dès août 1990. La tension monte rapidement et, en 1993, une coalition étonnante de forces abkhazes, tchétchènes (venues par solidarité islamique) et de cosaques du Kouban (au nom de la sécurité de la Russie), peu discrètement appuyée par des troupes russes, prend le contrôle du territoire et en chasse la population géorgienne.

En septembre 1991, une guerre civile sporadique s'engage en Ossétie du Sud. Dans le cadre de l'URSS, des troupes russes viennent s'interposer entre Ossètes et Géorgiens, gelant la situation ;

– en Russie, profitant de l'éclatement de l'URSS, les autorités de Tchétchénie proclament leur indépendance en septembre 1991. Depuis l'intervention de l'armée russe en décembre 1994, malgré quelques périodes de paix, la guerre se poursuit entre indépendantistes et forces russes.

Des affrontements « frontaliers » entre Ossètes du Nord et Ingouches (qui venaient de se séparer des Tchétchènes) ont fait par ailleurs des dizaines de morts à l'automne 1992.

Un commerce marginal

Le commerce russe avec les pays du Caucase
(en milliards de dollars)

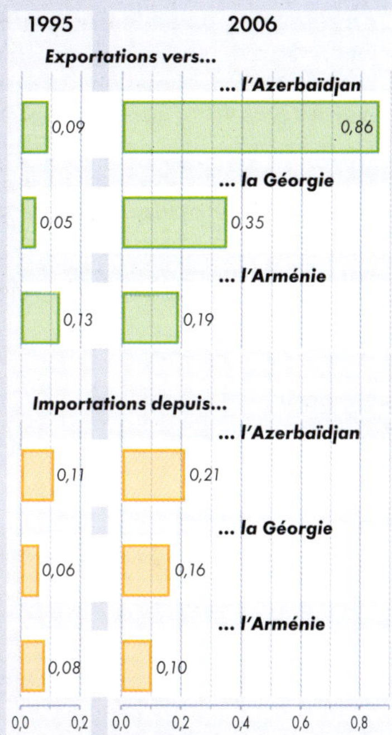

Source : *Rossiskii Statistitcheskii Ejegodnik*, 2000 et 2006.

Des implications extérieures complexes

Les conflits surgis en 1991 ont pris une dimension internationale. Les relations entre la Géorgie et la Russie sont au plus mal, alors que ces deux pays sont des plus proches sur le plan religieux. L'Ossétie du Sud et l'Abkhazie, sous la protection de troupes russes, ont proclamé leur indépendance et réclament leur rattachement à la Russie. L'Arménie est considérée comme le meilleur allié de Moscou qui stationne là-bas une brigade blindée de 4 000 hommes et des forces aériennes. On constate d'ailleurs que les projets américains (BTC, BTE) ou européens évitent tous l'Arménie. BTC, déjà mis en service, est à cet égard remarquable par son tracé, contournant l'Arménie, mais aussi le Kurdistan turc.

Le conflit entre Azerbaïdjan et Arménie est au point mort. Moscou, qui entretient de bonnes relations avec les deux pays, n'a pas obtenu de compromis. Depuis 1994, l'Azerbaïdjan, turcophone, et la Turquie organisent un blocus de l'Arménie, pays par ailleurs en mauvais termes avec la Géorgie (contentieux sur les régions arménophones de Géorgie). L'Arménie, chrétienne, aurait été asphyxiée par l'étau de ces deux pays musulmans sans l'aide de l'Iran qui assure son ravitaillement. L'Iran craint par-dessus tout une victoire et un renforcement territorial de l'Azerbaïdjan et la formation d'un axe turcophone entre Bakou et Ankara. Les Azéris constituent en effet 15 % de la population d'Iran, concentrés dans le nord-ouest du pays, et l'idée d'une réunification est répandue parmi eux.

> « *La Transcaucasie reste totalement marginale dans le commerce extérieur russe et la présence de populations russes y est en voie d'extinction, sauf en Azerbaïdjan. La Russie est toutefois impliquée dans le jeu politique.** »

Une présence russe en voie d'effacement

Les Russes dans les pays du Caucase :
(en milliers de personnes)

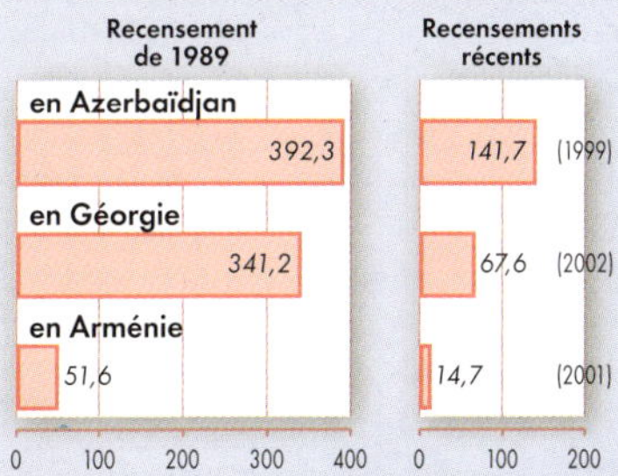

Source : *Eurasian Geography and Economics*.

LA RUSSIE ET LA CASPIENNNE

La mer Caspienne était un sujet d'inquiétude à l'époque soviétique en raison de l'affaissement de son niveau qui semblait inexorable. Diverses mesures étaient envisagées pour le soutenir (fermeture du Kara-Bogaz-Gol, « lac de la Gorge noire », véritable évaporateur à ciel ouvert, transfert d'eaux des fleuves arctiques), avant que le niveau ne se stabilise dans les années 1980. La mer inquiéta ensuite par la remontée intempestive de son niveau menaçant les installations humaines. Mais à cette époque, dans les années 1980, toute l'attention a été captée par l'eldorado pétrolier qu'elle était censée receler.

MER OU LAC ?

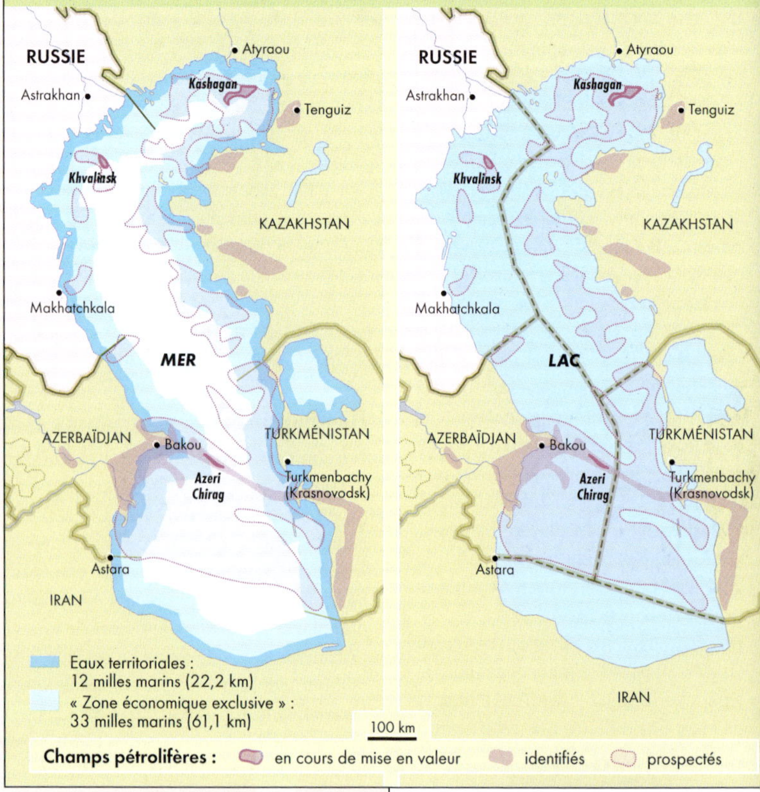

Un plan d'eau sensible

UN ÉQUILIBRE HYDROLOGIQUE DÉLICAT. Peu salée (12,8 g par litre, en moyenne), la Caspienne est la relique d'une mer beaucoup plus étendue issue de la fonte des grands glaciers quaternaires. Depuis, la Volga, avec 240 km^3 en moyenne, constitue 80 % de son alimentation annuelle. Compte tenu de l'évaporation dans cette région aride, le bilan entre apport et pertes est précaire. Or, de 1930 à 1945, le flux de la Volga s'est effondré : il n'a que six fois atteint sa moyenne, se rangeant parmi les plus faibles flux jamais observés les autres années.

Le niveau de la mer a donc chuté, surtout entre 1933 et 1940, années des plus faibles débits volgiens. À son plus bas niveau, atteint en 1977, la Caspienne ne couvrait plus que 371 000 km^2 contre 412 000 en 1929. Le recul affecte surtout la Caspienne du Nord qui, sur 29 % de la surface de la mer, ne contient que 1 % de son volume : la lame d'eau y est inférieure à 1 m sur 20 % de la surface ; la salinité est de 5 à 10 g par litre. Au maximum de sa remontée, en 1995, la mer couvrait en revanche 436 000 km^2 et de nombreuses installations humaines du littoral nord-caspien étaient menacées.

DES ÉQUILIBRES BIOLOGIQUES FRAGILES. Témoin de son lien boréal passé, la Caspienne abrite une colonie de phoques. Certaines espèces de poissons d'eau douce (carpes, sandres, brochets, brêmes) ont connu une mutation originale, vivant en mer et revenant se reproduire dans le delta de la Volga. L'esturgeon – activement pêché, surtout pour les œufs des femelles avec lesquels on élabore le caviar – focalise toutes les attentions. La forte baisse des prises depuis 1985 est liée à la disparition du contrôle : le braconnage, déjà répandu à l'époque soviétique, s'est accru et c'est le volume « déclaré » qui s'est effondré. La route des frayères ayant été coupée par le barrage de Volgograd, la reproduction artificielle de l'époque soviétique ayant échoué et l'espèce étant soumise à un braconnage intensif, l'esturgeon est menacé de disparition.

> ***De – 25,5 m en 1929, le niveau de la Caspienne s'est effondré à – 29 m en 1977, avant de remonter à – 26,6 m en 1995, menaçant des installations portuaires. Il oscille autour de – 27,2 m depuis 2000.****

Le partage de la Caspienne

Le partage de la Caspienne et de ses ressources

L'éclatement de l'URSS a posé la question du partage de la Caspienne, d'autant qu'à l'époque des sources américaines avançaient que son sous-sol recelait 15 à 30 milliards de tonnes de pétrole. En 2000, on s'accorde sur un potentiel de 4 à 5 milliards de tonnes. Deux super-géants ont été découverts : Kashagan (1,5 milliard de t), près du gisement côtier de Tenguiz (1,1 milliard de t) au nord, et Azeri-Chirag (500 à 700 millions de t) au sud. Le gisement deKhvalinsk est plus modeste. Les pays concernés pouvaient choisir de considérer la Caspienne comme un lac, à partager à partir des frontières, ou comme une mer, ce qui ouvrait la porte à la définition d'une zone non appropriée, patrimoine commun des riverains. Les règles internationales définissent en effet les eaux territoriales (12 milles) et la « zone économique exclusive » qui s'étend « au maximum sur 200 milles », dont l'étendue exacte est à négocier entre riverains lorsque l'espace marin ne permet pas cette extension, ce qui est le cas de la Caspienne. Après dix ans de débats, la Russie et le Kazakhstan ont décidé de définir leurs limites dans le nord de la Caspienne, selon le principe lacustre. Au sud, l'Iran, qui veut une zone commune, bloque tout accord. L'exploitation des gisements, comme la pose de conduites sous-marines (soumises à redevance dans une ZEE) y sont donc paralysées.

Évolution de la prise d'esturgeons

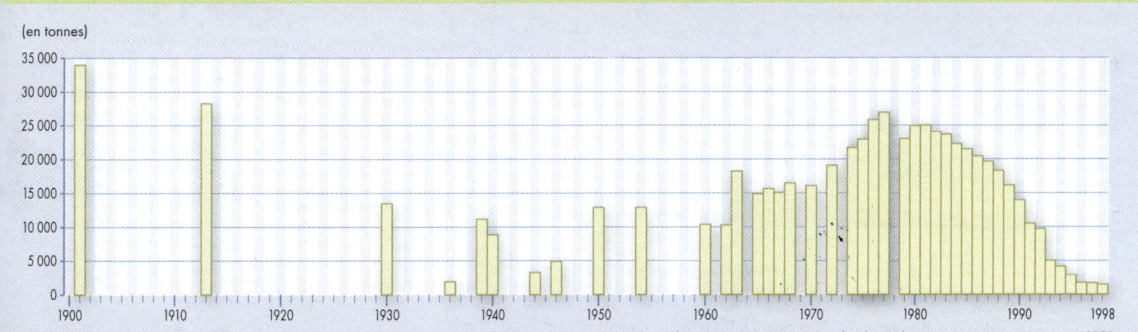

Sources : FAO, *Statistiques des pêches*, 1994, 1998, 2001 ; P. Marchand, *La Volga, aménagement et environnement*, 1990.

L'ASIE CENTRALE

À l'exception du nord du Kazakhstan, englobé dans l'Empire russe dès le XVIIe siècle, l'Asie centrale, au sud du lac Balkhach, n'a été intégrée que tardivement, dans le cadre de l'expansion coloniale européenne de la seconde moitié du XIXe siècle. La présence de population russe, forte au nord du Kazakhstan, était discrète ailleurs. Cependant, on n'observe pas le même effondrement qu'en Transcaucasie, sauf au Tadjikistan, secoué par la guerre. Les liens entre la Russie et l'Asie centrale restent importants. Des troupes russes participent ainsi à la protection du sud du Tadjikistan et les pays d'Asie centrale sont membres de l'Organisation de Shanghai (p. 68-69).

L'OSMOSE DU KAZAKHSTAN AVEC LA RUSSIE

ÉVOLUTION DU COMMERCE EXTÉRIEUR

Les échanges russes avec les pays d'Asie centrale, en 1995 et en 2005
(en milliards de dollars)

Exportations vers...			Importations depuis...	
1995	2005		1995	2005
2 555	**6 526**	**... le Kazakhstan**	**2 675**	**3 209**
824	861	... l'Ouzbékistan	889	904
105	397	... le Kirghizistan	101	145
190	240	... le Tadjikistan	167	95
93	224	... le Turkménistan	179	77

Source : *Rossiskii Statistitcheskii Ejegodnik*, 2006.

Le centre de l'Eurasie, enjeu géopolitique

Depuis la fin de l'URSS, les importantes ressources minérales (métaux et hydrocarbures) de l'Asie centrale et sa position stratégique au cœur de continent ont suscité des initiatives. La première a été le raccordement en 1996 entre les réseaux ferroviaires de Turkménistan et d'Iran. Jusqu'alors, toutes les voies ferrées reliaient l'Asie centrale à la Russie et butaient sur le système montagneux himalayen, à la seule exception de la voie kazakhe vers la Chine. Ce tronçon de 300 km vers l'Iran permettait théoriquement de rallier Istanbul à Pékin par le train et on parlait de reconstitution de la « route de la soie ». Cependant, le trafic n'est pas au rendez-vous. La Chine a entrepris en 2002 la construction d'un oléoduc entre la frontière kazakhe et Shanghai et participe à la construction d'un réseau traversant le Kazakhstan pour atteindre Tenguiz et Kashagan, mais Astana craint de trop se lier à Pékin. Les États-Unis ont défini une « Silk Road Stragegy » en 1999 et l'UE développe une stratégie de « route de la soie » à travers le projet Traceca (Transport Corridor Europ Caucasus Asia). Dans les deux cas, il s'agit d'une stratégie occidentale dont le but est d'assurer « l'indépendance économique et politique des États d'Asie centrale et du Caucase ». En clair, le projet Traceca et les réalisations américaines (BTE et BTC) ont pour objet de réaliser des liens directs entre l'Asie centrale et l'Europe occidentale en contournant la Russie. La Turquie manifeste beaucoup d'intérêt pour l'Asie centrale, turcophone (sauf le Tadjikistan, persanophone) et soutient les stratégies occidentales.

> « ***En 1991, Tselinograd (« Ville des Terres vierges » en russe) est redevenue Akmola (« Tombe blanche » en kazakh). Depuis 1998, elle est capitale du Kazakhstan, mais sous le nom d'Astana (« Capitale » en kazakh).**** »

TRACECA, UNE ROUTE DE LA SOIE

LE KAZAKHSTAN, PUISSANCE MÉTALLIFÈRE

	Production mondiale		Production kazakhe (en tonnes)
	Part du Kazakhstan (en %)	Rang	
Chrome	18,7	3e	3 267 000
Uranium	9,2	3e	3 719
Vanadium	2,5	4e	1 000
Manganèse	9,1	6e	2 400 000
Zinc	4,1	9e	382 000
Argent	4,2	9e	800

Source : Cyclope, 2006.

RECENSEMENT

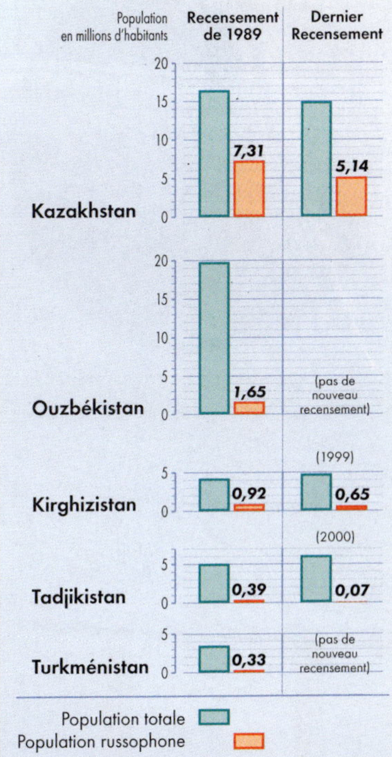

Source : *Eurasian Geography and Economics*.

Le Kazakhstan, un État eurasiatique

Le Kazakhstan, malgré sa forte minorité russe groupée dans le nord du pays, n'a pas connu de troubles ethniques ou de menées séparatistes. Pourtant, le nord du pays, par lequel transitent trois des quatre axes transsibériens russes et qui fut le théâtre du plan des terres vierges de Khrouchtchev, abrite d'importantes installations minières (de Kenkiyak à Semeï) qui fonctionnent en symbiose avec l'industrie lourde russe de l'Oural. Le président Nazarbaïev a fait transférer la capitale d'Almaty, au sud, à Astana, en plein cœur de la zone russophone. Prônant la cohabitation harmonieuse entre Russes et Kazakhs, il donne une dimension politique concrète à l'idée « eurasienne » de certains milieux intellectuels moscovites.

Le Kazakhstan, par ailleurs inquiet de la puissance démographique du voisin chinois, multiplie les relations avec la Russie, dans le cadre de cette stratégie eurasienne, dans le domaine spatial (p. 10-11), nucléaire (p. 12-13) et énergétique (p. 58-59).

L'Extrême-Orient

Si les Cosaques ont fondé Okhotsk dès 1629, les Provinces maritimes, au sud et à l'est de Tynda, auparavant sous la dépendance de l'empereur de Chine, ne sont intégrées à la Russie qu'en 1858-1860. En 1945, avec la défaite du Japon, l'URSS a réoccupé le sud de Sakhaline (perdu en 1905) et pris les îles méridionales de l'archipel des Kouriles, annexion qui n'est toujours pas reconnue par le Japon. Depuis 1991, l'Asie orientale (Japon, Corée du Sud, Chine), « atelier du monde » mais grand consommateur de matières premières, prend une part grandissante dans le commerce extérieur russe.

Commerce extérieur

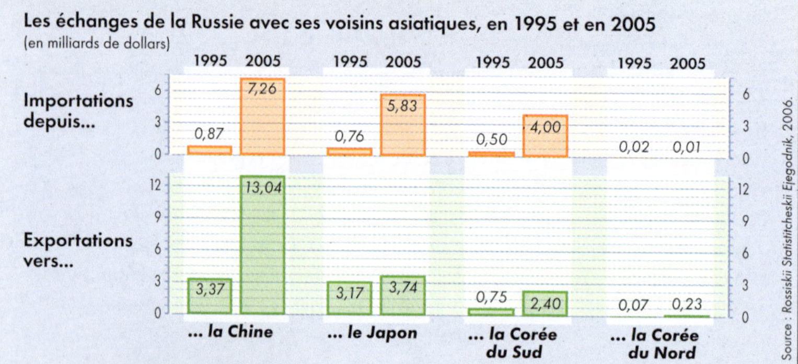

Le « vide » de l'Extrême-Orient russe

L'*okroug* d'Extrême-Orient (6 170 00 km²) n'a que 6,5 millions d'habitants. La région du Baïkal (Bouriatie, *oblasts* d'Irkoutsk et de Tchita,1 560 000 km²) en a 4,5 millions. Avec 11 millions d'habitants sur une fois et demie la surface de l'UE, la partie orientale de la Russie jouxte la plus grande puissance démographique du monde.

Des ressources clairsemées. Le potentiel forestier et énergétique de l'Angara et les ressources minières de Transbaïkalie ont suscité un peuplement encore dense au sud du Baïkal. À l'est de Tchita, sur l'axe du Transsibérien, l'occupation n'est plus que ponctuelle. Entre Tchita et Blagovechtchensk, en l'absence de route asphaltée, le train constitue même le seul moyen de communication. Le chantier M-55 est en train de combler cette lacune. Partout, la taïga fait l'objet d'une exploitation sauvage de la part de la population locale, activité que les autorités se montrent incapables d'endiguer. Le projet soviétique de Baïkal-Amour Magistral (BAM), desservant l'interfluve entre Amour et Lena, n'a longtemps fonctionné que pour l'expédition du charbon de Nerioungri. Avec la montée des cours mondiaux, plusieurs gisements de métaux sont en cours de mise en valeur autour de la voie ferrée (uranium, fer, titane, vanadium), ce qui permettra peut-être celle du cuivre d'Oudokan, pénalisé par son isolement et sa très basse teneur. Au nord du parallèle de Nerioungri, l'occupation humaine est limitée à quelques sites miniers modestes (or et argent). Les diamants de Mirnyi sont la seule ressource à avoir généré une petite ville de 35 000 habitants.

> *D'un bout à l'autre du monde russe : le Transibérien met sept jours et sept nuits pour parcourir les 9 289 km séparant Moscou de Vladivostok.**

Une mise en valeur difficile. Les conditions climatiques sont responsables du faible peuplement. Presque toute la région connaît plus de neuf mois de gel par an. À l'exception d'un liseré méridional, la température moyenne de janvier est inférieure à – 24 °C ; toute la moitié nord enregistre des moyennes inférieures à – 32 °C. L'agriculture est donc limitée à la Transbaïkalie et à la région de l'Amour-Oussouri. Le relief montagneux de la région rend la circulation difficile, d'autant que la *merzlota* règne partout. La partie superficielle de ce sol « perpétuellement gelé » dégèle en effet en été et est sujette à glissements, déstabilisant les constructions humaines (édifices, voies ferrées, ouvrages d'art). Ce sont ces phénomènes qui ont coupé la BAM peu après sa mise en service, qui ralentissent et augmentent le coût de tous les chantiers, et qui rendent les voies de communication fragiles et d'entretien coûteux.

Population régionale

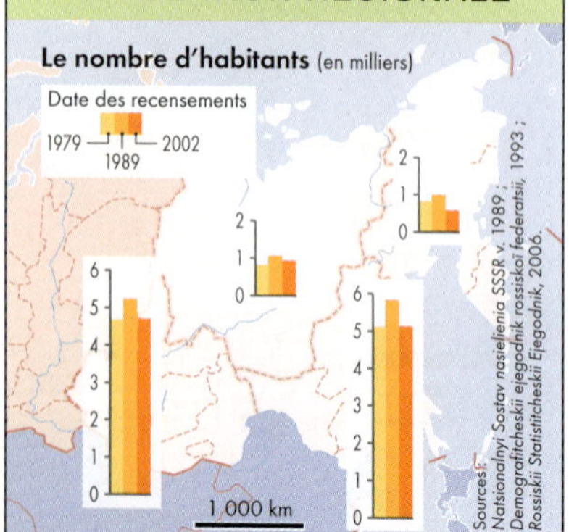

LE DÉBOUCHÉ PACIFIQUE

LA RUSSIE ET LA CEI

La CEI est née le 8 décembre 1991, d'une réunion des présidents élus de Russie, d'Ukraine et du Kazakhstan, pressés d'en finir avec l'URSS. L'Arménie, l'Azerbaïdjan, la Moldavie et les républiques d'Asie centrale ont demandé leur adhésion, effective le 22 décembre. La Géorgie s'y joint ultérieurement, les États baltes restant à l'écart. La CEI, en tant que cadre de discussion, a beaucoup contribué au caractère pacifique du divorce en cours : partage de l'arsenal militaire, mise en place des monnaies, maintien des liens d'interdépendance économique, présence de minorités dans le pays voisin... La séparation effectuée, la question de la nature de la CEI est posée.

L'ÉVOLUTION DU COMMERCE EXTÉRIEUR

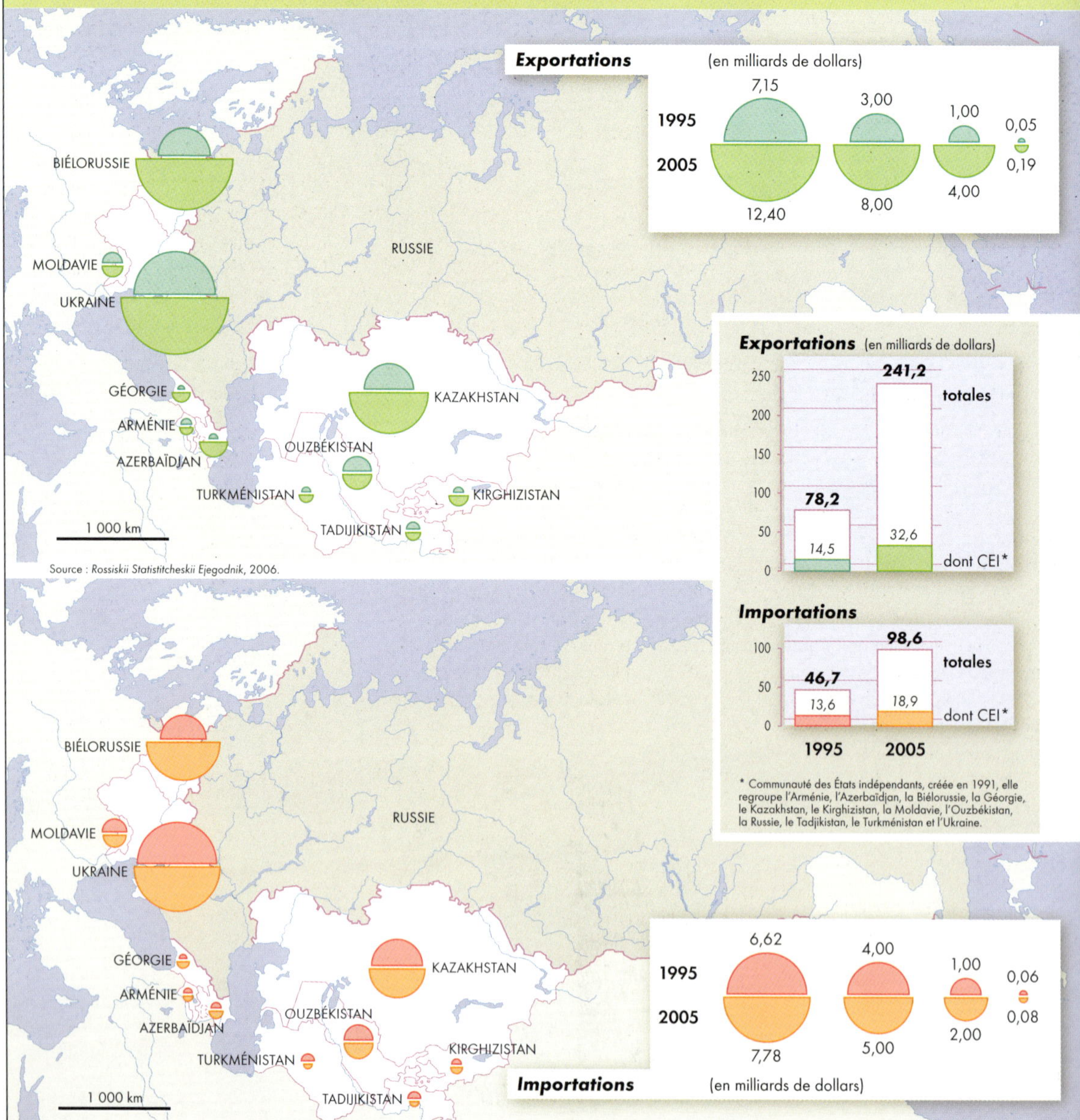

LA POPULATION RUSSE

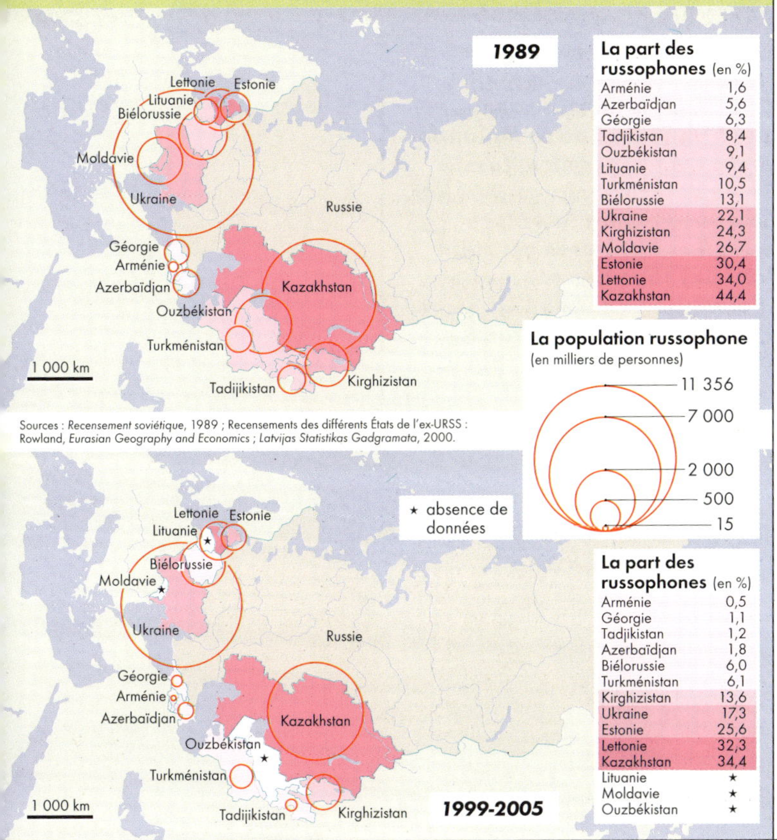

Commerce et défense, préoccupations de la CEI

Le Conseil économique eurasiatique, créé en 2000, vise à développer le libre-échange (Russie, Biélorussie, Kazakhstan, Kirghizistan, Tadjikistan et, depuis 2006, Ouzbékistan). La part de la CEI dans le commerce extérieur russe est toutefois en déclin. Seul le commerce russo-biélorusse se maintient à haut niveau, dans le cadre de l'union douanière. Sur le plan militaire, le traité de Tachkent (1992), devenu Organisation du traité de sécurité collective en 2002, lie les mêmes pays plus l'Arménie, mais est concurrencé par l'Organisation de coopération de Shanghai, association « eurasienne » hors CEI, fondée par la Chine, la Russie, le Kazakhstan, le Kirghizistan et le Tadjikistan en 1996, rejoints par l'Ouzbékistan en 2001. Depuis 2005, la Mongolie, l'Inde, le Pakistan et l'Iran en sont devenus membres « observateurs ». Destinée à lutter contre le terrorisme, l'OCS s'oppose à l'usage de la force dans les relations internationales (allusion aux cas du Kosovo, de l'Irak et de l'Iran).

Une association multiforme

L'organe décisionnel de la CEI, le Conseil des chefs d'État, prend les décisions par consensus. Toutefois, le fonctionnement est très informel : certains États peuvent ne pas s'associer à une décision, les parlements nationaux ne ratifient pas toujours les accords et, même signés et ratifiés, certains textes peuvent rester lettre morte. Par ailleurs, la situation est très mouvante : au gré des évolutions internes, certains pays peuvent se retirer de cadres dans lesquels ils s'étaient inscrits, d'autres adhérer à des projets qu'ils avaient au départ refusés. Au total, la CEI a généré une pléthore d'accords, de traités, d'institutions. Ce panorama est compliqué par le fait que les membres peuvent adhérer à d'autres groupements, internes ou avec des États extérieurs, sur des champs de compétence voisins*. Trois blocs se dessinent cependant :

– la Russie, dont certains dirigeants parlent parfois d'« étranger proche », prône une plus grande intégration, généralement suivie par la Biélorussie, l'Arménie et le Tadjikistan ;

– le Kazakhstan, le Kirghizistan et, depuis 2006, l'Ouzbékistan sont souvent sur la même longueur d'onde mais entretiennent des liens extérieurs forts ;

– l'Ukraine, la Moldavie et le Turkménistan sont adeptes d'une CEI limitée à des accords de bon voisinage et au commerce. La Géorgie reste à l'écart.

** Tableau des accords principaux signés dans le cadre de la CEI dans I. Hazard, 1999, p. 30. Mise à jour partielle dans M. Light, 2006, p. 19. Voir bibliographie.*

> « ***La CEI est née comme une alliance forcée, suscitée davantage par l'impossibilité de se séparer que par le désir de continuer la vie commune.*** »
> *Izvestia*, **2 février 1992.**

INVESTISSEMENTS

Les investissements russes en CEI
(en %) stocks au 1er/1/06 : 1,075 milliard de dollars

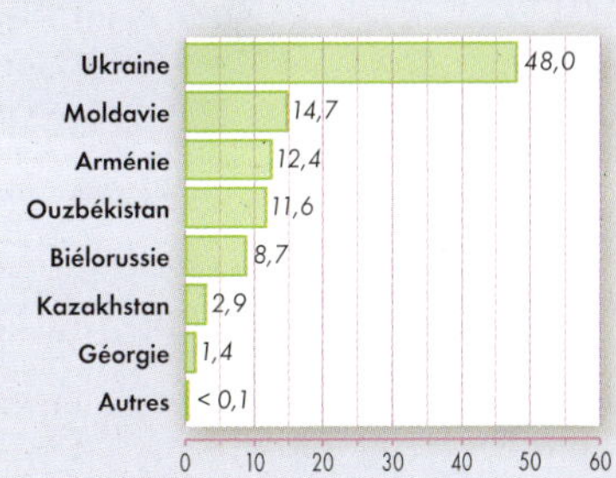

Les investissements de la CEI en Russie
(en %) stocks au 1er/1/06 : 0,427 milliard de dollars

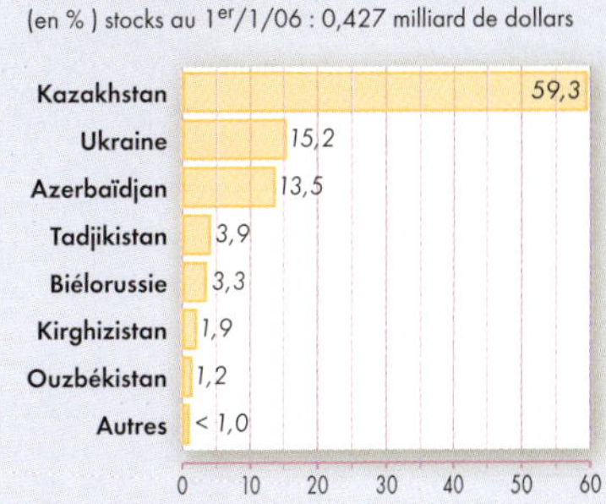

Source : Rossiskii Statistitcheskii Ejegodnik, 2006.

L'UE ET L'ENCERCLEMENT DE LA RUSSIE

Depuis la fin de l'URSS, l'UE est le principal partenaire commercial de la Russie. A contrario, la Russie n'est qu'un parternaire mineur pour l'UE (5 % de son commerce extérieur). Sur le plan politique, l'adhésion de la Finlande à l'UE en 1995 a créé 1 300 km de frontière entre Russie et UE. L'élargissement de 2004 en a encore ajouté 944 km, mais il a surtout modifié fondamentalement la nature du contact : d'une part, ces nouvelles frontières de 2004 appartiennent à quatre États qui ont tous des contentieux avec la Russie ; d'autre part, l'élargissement de l'UE s'est accompagné de celui de l'Otan, organisation militaire. La perception de l'UE par la Russie s'en trouve changée.

L'EXPANSION DE L'UE ET DE L'OTAN

L'expansion de l'UE et de l'OTAN

- UE en 1989 (avant la chute du mur de Berlin)
- Intégration de l'ex-RDA lors de la réunification de l'Allemagne le 3 octobre 1990
- Pays membres de l'OTAN en 1990
- Expansion de l'UE en 1995
- Pays membres de l'OTAN en 1999
- Expansion de l'UE et de l'OTAN (hors Chypre) de 2004 à 2007
- Expansion simultanée de l'UE et de l'OTAN en question
- Projet « eurorégio Karelia »
- Russie en 2007
- URSS

Les politiques frontalières proposées par l'UE à la Russie

- Frontière « post-westphalienne », espace de coopération et de libre circulation, proposé à partir de 2000 par la *Dimension septentrionnale* de l'UE (politique de voisinage avec la Russie du Nord)
- Frontière très contrôlée. Espace Schengen : vision imposée par l'UE lors des négociations UE-Russie sur le transit entre Kaliningrad et le reste de la Russie
- Transit entre Kaliningrad et le reste de la Russie à travers la Biélorussie

Le flou du partenariat UE-Russie

Alors que l'UE envisageait l'élargissement à l'Est depuis 1992, l'Accord de partenariat et de coopération avec la Russie n'a été appliqué qu'en 1997. Texte vague, il prévoyait des discussions sur une zone de libre-échange, idée reprise par le projet d'espace économique européen commun, qui n'a pas abouti. Depuis 1999, la relation UE-Russie est régie par la Stratégie commune avec la Russie. Son objectif est d'amener la Russie à se conformer au modèle économique, social et politique de l'UE, démarche habituelle vis-à-vis des pays candidats à l'adhésion. Le problème est que nul n'envisage l'adhésion de la Russie à l'UE. Cette conception est donc perçue à Moscou comme teintée d'impérialisme.

Des problèmes frontaliers ont par ailleurs surgi. Les pays scandinaves se sont fait les promoteurs d'une conception « post-westphalienne » des frontières, « zones floues d'intégration et de circulation », mise en œuvre dans le cadre de l'eurorégion Karelia, idée à laquelle Moscou n'adhère pas. Or, dans le même temps, Bruxelles imposait une vision « westphalienne » de la frontière, limite précise où la circulation est contrôlée, dans les négociations sur le transit entre Kaliningrad et le reste de la Russie. Les Russes qui se déplacent de l'une à l'autre doivent obtenir un document des autorités lituaniennes (le pays de transit).

Ajoutées aux interférences apportées par la relation Otan-Russie et par les tensions entre pays baltes et Russie, ces incompréhensions ont abouti à envenimer les relations UE-Russie.

> « *L'UE a voulu appliquer à la Russie les mêmes schémas qu'aux pays candidats à l'adhésion, s'efforçant de transformer la relation russo-européenne en un exercice d'harmonisation qui n'avait pas lieu d'être.* »
> C. Bayou, *Courrier des pays de l'Est*, 2002.

L'ÉVOLUTION DU COMMERCE EXTÉRIEUR

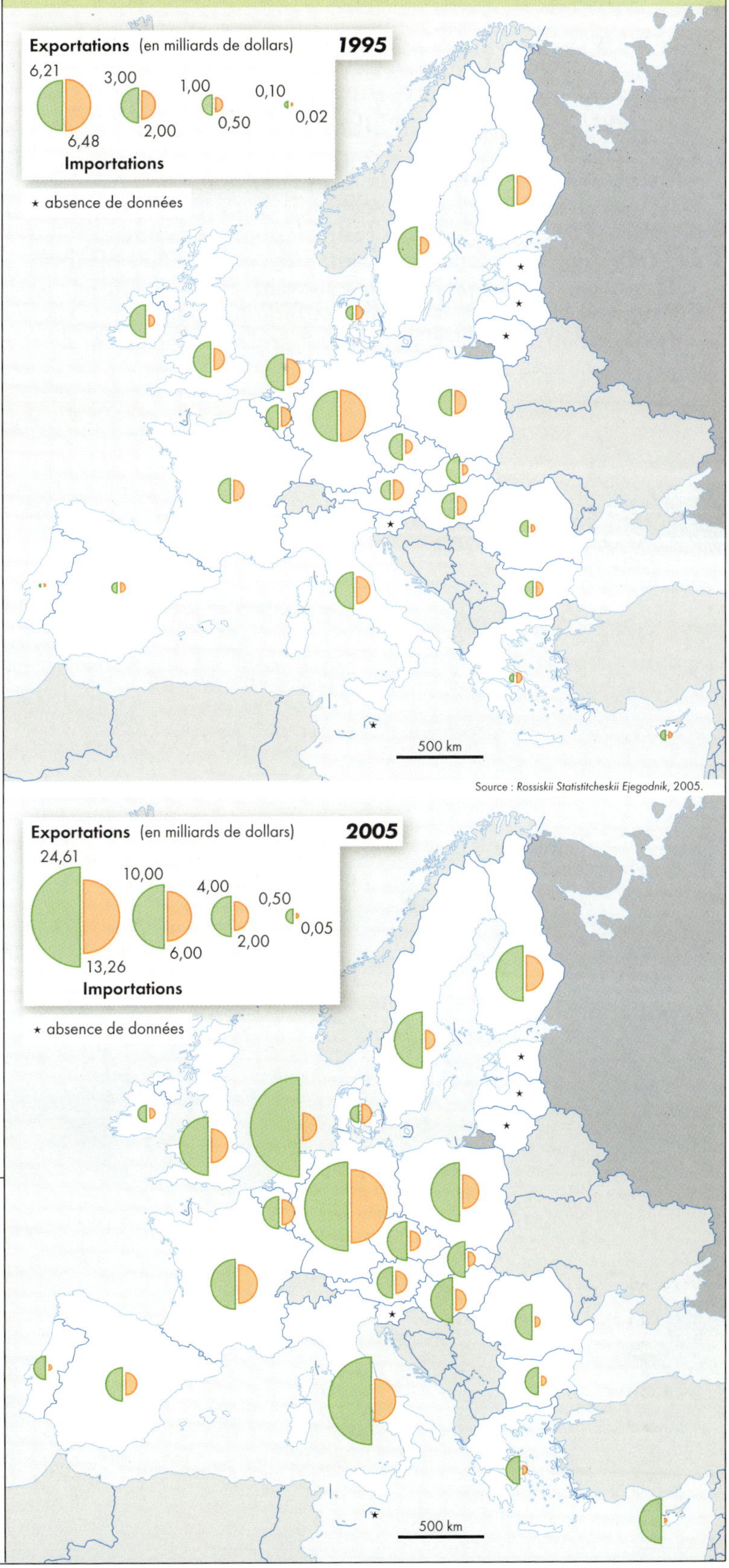

Source : *Rossiskii Statistitcheskii Ejegodnik*, 2005.

LES CHOIX STRATÉGIQUES SUR LA ROUTE

Les choix sur les routes d'exportation des hydrocarbures de Russie et d'Asie centrale ont été faits à l'époque soviétique. Avec la disparition du bloc de l'Est puis de l'URSS, des difficultés d'ordre géopolitique ont surgi sur presque tous les axes d'exportation de la Russie. Moscou est donc en quête de nouvelles voies lui permettant de sécuriser son commerce. Cette recherche s'effectue dans un contexte radicalement nouveau : les cours des hydrocarbures sont structurellement orientés à la hausse, la géographie des sources de production russes va changer, la demande mondiale opère une mutation spatiale de l'Occident vers l'Orient.

GISEMENTS ET EXPORTATIONS DU GAZ ET DU PÉTROLE

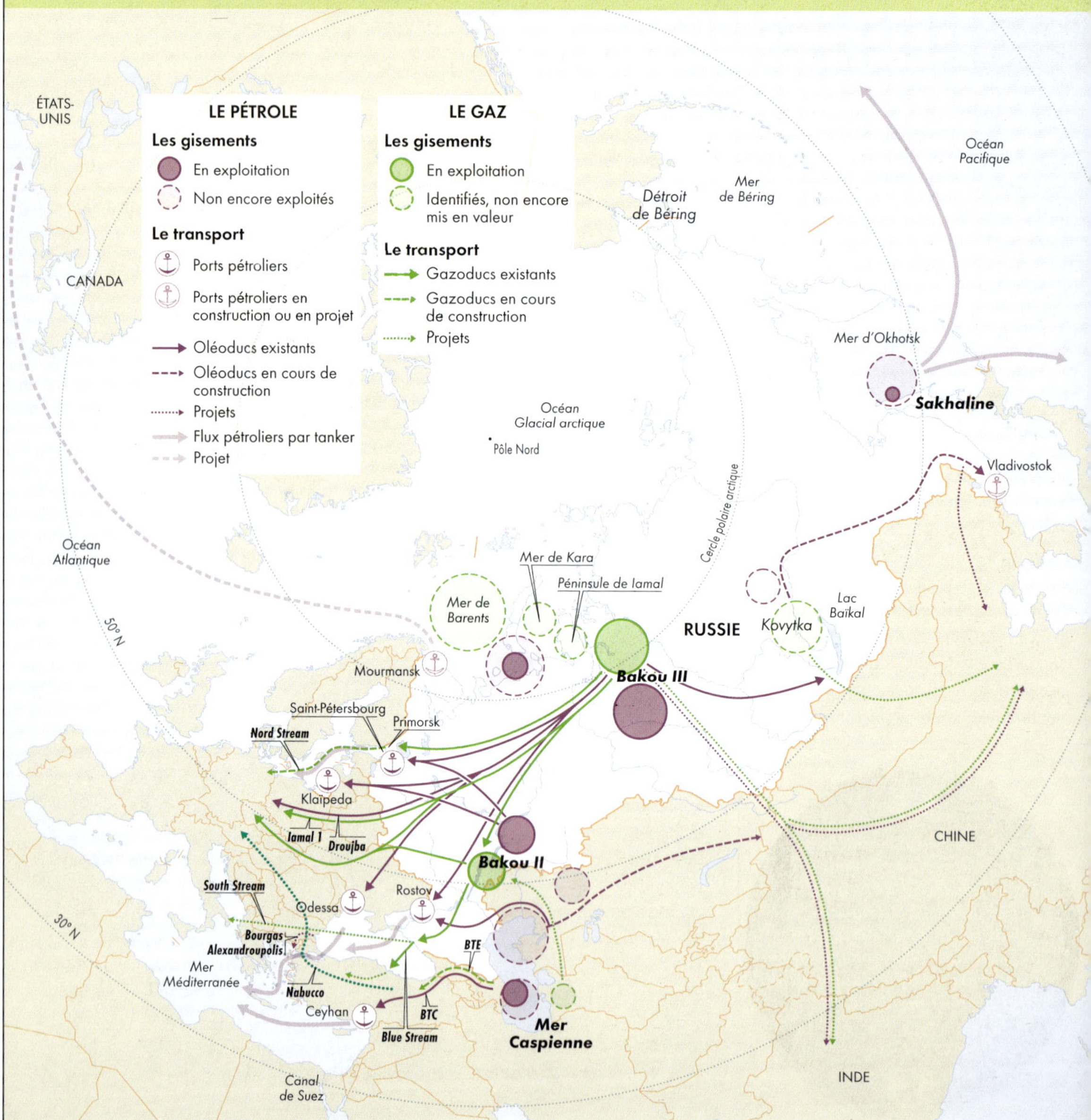

DES HYDROCARBURES

Le pétrole, marché mondial

Le transport maritime assure l'essentiel des échanges mondiaux de pétrole. C'est un marché flexible : un tanker n'est pas lié à une route, un client n'est pas lié à un fournisseur (et vice versa).

L'Occident. Dans le cas de la Russie, une partie des exportations passe par Droujba, lien fixe qui couvre actuellement 12 % de la consommation de l'UE. De gros terminaux d'exportation maritimes soviétiques avaient été installés en Ukraine et dans les pays baltes. Pour réduire sa dépendance, la Russie a développé ses ports autour de Novorossiisk et en a créé de nouveaux autour de Saint-Pétersbourg. Localisés en Baltique ou en mer Noire, toutes deux semi-fermées, ces terminaux ne sont accessibles qu'à des tankers de taille moyenne, ce qui oriente forcément vers un débouché proche, l'Europe occidentale, déjà desservi par Droujba. Un terminal implanté à Mourmansk, port libre de glaces, accessible aux plus gros supertankers, ouvrirait au marché mondial, notamment nord-américain, le pétrole de l'Arctique russe (p. 40-41). L'oléoduc Bourgas-Alexandroupolis ouvrirait de la même façon les expéditions des ports russes de la mer Noire au marché international (p. 58-59).

L'Orient. Pour le pétrole de Bakou III (actuellement exporté ves l'ouest), la tentation est forte de se tourner vers les marchés chinois et indien, plus proches. Des projets d'oléoduc existent mais restent vagues. Partant d'une conduite qui amène déjà le pétrole à Angarsk et de la découverte d'importants gisements au nord du lac Baïkal, cette ouverture prend forme. Moscou a refusé l'idée d'un oléoduc reliant directement Angarsk à la Chine. Le pipe-line en construction passera par les gisements du Nord-Baïkal et gagnera la côte pacifique russe. Ce tracé, beaucoup plus long et coûteux, agrée au Japon qui participe à son financement. Le brut pourra gagner n'importe quel pays d'Asie orientale, voire l'Amérique, depuis les terminaux maritimes.

LA ROUTE DES HYDROCARBURES

En 2005, Gazprom a fourni 28,3 % du gaz consommé dans l'Union européenne. En 2015, ce serait 40 %. L'oléoduc Droujba a acheminé 12 % du pétrole consommé par les pays membres de l'Union européenne

Le gaz, un marché encore régional

Les gazoducs assurant l'essentiel des échanges internationaux de gaz, les marchés sont régionaux. L'UE est ainsi liée aux gisements russes. Pour assurer la sécurité de ses exportations, dépendantes de l'Ukraine et de la Pologne (p. 56-57), Gazprom se tourne vers des tracés sous-marins : Blue Stream passe sous la mer Noire, le North European Gas Pipeline est en construction sous la mer Baltique, South Stream va être construit sous la mer Noire (p. 58-59). Les nouvelles réserves arctiques pourront être exportées par les conduites existantes, donc vers le marché européen. L'évolution du cours mondial du gaz rend toutefois le transport maritime compétitif et les difficultés géopolitiques récemment survenues sur le tracé ukrainien ont amené des pays européens à engager la construction de terminaux de GNL. On envisage donc une usine GNL géante à Mourmansk, d'où le gaz de la mer de Barents pourrait, au moyen des plus grands méthaniers, approvisionner l'Europe mais aussi l'Amérique du Nord.

Côté asiatique, les ressources identifiées sont dispersées. Pour le gaz de Kovytka, le gazoduc terrestre est la seule issue. Il devrait gagner la Chine et la taille du gisement n'est pas telle qu'on puisse prévoir une autre destination. Pour les réserves de Sakhaline, les compagnies occidentales avaient depuis le début fait le choix de construire la plus grande usine de GNL du monde, expédiant le gaz vers le Japon ou les États-Unis.

> « *À long terme, on n'attend pas une croissance notable des besoins énergétiques en Europe occidentale, alors que se dessine une explosion de la demande dans les pays de la zone Asie-Pacifique et en Inde.* »
>
> **Expert-Oural, 22 mars 2004.**

L'ESPACE RUSSE

L'immensité de la Russie ne doit pas faire illusion : climat et hyper-continentalité sont deux entraves à l'activité économique.

Sur une grande partie du territoire, les conditions climatiques sont extrêmes. Même le régime soviétique, qui ne se préoccupait pas de rentabilité, a reculé devant le froid : s'il a pu pousser ses projets de conquête de terres face à la chaleur et à la sécheresse grâce à l'irrigation, il n'existe pas de moyens physiques pour cultiver et vivre en plein air par grand froid.

La continentalité n'est pas un problème à l'ouest de l'Oural. En revanche, sur toute la Sibérie, c'est un facteur qui renchérit considérablement le coût de la communication avec l'extérieur. En ce domaine, la proximité de l'océan est trompeuse : bloqué par les glaces pendant au moins six mois par an, il est inapte à une circulation commerciale normale. Même dans l'Arctique sibérien, la voie terrestre s'impose pour tout flux conséquent de marchandises, avec toutes les difficultés et le coût que cela suppose. La mise en valeur est forcément limitée à des sites produisant de faibles quantités de produits de haute valeur.

Les 85 « sujets

Républiques autonomes *(21)*

1 Adyghés
2 Karatchaïs-Tcherkesses
3 Kabardino-Balkarie
4 Ossétie du Nord
5 Ingouchie
6 Tchétchénie
7 Daghestan
8 Kalmoukie
9 Mordovie
10 Tchouvachie
11 Mari-El
12 Tatarstan
13 Oudmourtie
14 Bachkortostan
15 Carélie
16 Komis
17 Rép. de l'Altaï
18 Khakassie
19 Touva
20 Bouriatie
21 Iakoutie-Sakha

« Districts » autonomes *(6)*

22 Nenets
23 Khanty-Mansi
24 Iamalo-Nenets

80° E
120° E
160° E
Changements de noms après 1991
ekaterinbourg (Sverdlovsk)
Nijni Novgorod (Gorki)
Saint-Pétersbourg (Leningrad)
Samara (Kouïbychev)
ver (Kalinine)
olgograd (Stalingrad)
Limite des républiques autonomes, « districts » autonomes, oblast et kraï
Nombre de jours de gel supérieur à 270
Nombre de jours de gel compris entre 240 et 269
Extension maximale de la banquise arctique en hiver
-00 Minimum absolu de janvier en °C
Terre du Nord
80° N
70° N
60° N
Mer des Laptev
Archipel de Nouvelle-Sibérie
Mer de Sibérie orientale
Vrangel
Détroit de Béring
Anadyr
-51
-54
Tikhsi
-71
Oïmiakon
-64
-50
Kolyma
Lena
S I B É R I E
Cercle polaire arctique
Kandyga
Iakoutsk
Magadan
Okhotsk
Baie de Chelekhov
Kamtchatka
Petropavlovsk-Kamtchatskii
Mer d'Okhotsk
Archipel des Kouriles
Sakhaline
Toura
Basse Toungouska
Mirnyi
Aldan
Aldan
Neriougri
Tynda
Skovorodino
Oust-Kout
Bratsk
Taïchet
Angara
Lena
Nijnie Angarsk
Lac Baïkal
Irkoutsk
Oulan-Oude
Tchita
Amour
Blagovechtchensk
Komsomolsk-sur-Amour
Khabarovsk
Birobidjan
Ioujno-Sakhalinsk
Korsakov
Nakhodka
Vladivostok
MONGOLIE
CHINE
CORÉE DU NORD
CORÉE DU SUD
JAPON
Mer du Japon (Mer de l'Est)
27
78
79
21
73
74
25
20
26
75
76
77
80
81
83
la structure administrative de la Russie (situation au 1er juillet 2007)
Oust-Ordynski-Bouriatsk
Aguinski-Bouriatie
Tchoukotka
blast (régions) et aï (territoires) (55)
Krasnodar
Stavropol
Rostov
Astrakhan
Volgograd
Voronej
Belgorod
35 Koursk
36 Briansk
37 Smolensk
38 Pskov
39 Leningrad
40 Mourmansk
41 Arkhangelsk
42 Vologda
43 Novgorod
44 Tver
45 Moscou
46 Kalouga
47 Orel
48 Toula
49 Lipetsk
50 Riazan
51 Vladimir
52 Ivanovo
53 Kostroma
54 Iaroslavl
55 Nijni Novgorod
56 Tambov
57 Penza
58 Saratov
59 Oulianovsk
60 Samara
61 Orenbourg
62 Kirov
63 Kraï de Perm
64 Tcheliabinsk
65 Sverdlovsk
66 Kourgan
67 Tioumen
68 Omsk
69 Tomsk
70 Novosibirsk
71 Altaï
72 Kemerovo
73 Kraï de Krasnoïarsk
74 Irkoutsk
75 Tchita
76 Amour
77 Khabarovsk
78 Magadan
79 Kraï de Kamtchatka
80 Sakhaline
81 Primorié
82 Kaliningrad
Oblast autonome
83 Birobidjan
Villes à statut fédéral (Moscou et Saint-Pétersbourg)

NATIONALITÉ ET CITOYENNETÉ

L'État russe s'est construit par allégeance des princes et de leurs sujets au souverain de Moscou, avant le mouvement des nationalités du XIXe siècle. On recensait la «population de la Russie», c'est-à-dire les sujets du souverain, en leur demandant de préciser la «nationalité» à laquelle ils se rattachaient (par la langue, la religion, ou autre). La «population russe» comptait donc des individus de nationalité russe, ukrainienne, tatare, kazakhe, arménienne... Les Juifs – se distinguant par une religion et, pour la plupart d'entre eux à l'époque, par une langue (le yiddish) – ont été considérés comme une nationalité. Les Soviétiques ont maintenu cette tradition. En Russie et dans les États issus de l'URSS (bien après l'empire des tsars), on continue de distinguer la «citoyenneté» (ukrainienne, par exemple) de la «nationalité» (un citoyen ukrainien peut se déclarer de nationalité ukrainienne ou russe, tatare, roumaine, hongroise, etc.).

Sigles et abréviations

Berd	Banque européenne pour la reconstruction et le développement
BTC	Oléoduc Bakou-Tbilissi-Ceyhan
BTE	Gazoduc Bakou-Tbilissi-Erzeroum
CEI	Communauté des États indépendants
CMI	Complexe militaro-industriel
GNL	Gaz naturel liquéfié
OACI	Organisation de l'aviation civile internationale
Otan	Organisation du traité de l'Atlantique Nord
PCUS	Parti communiste d'Union soviétique
PGM	Platinum Group Metals (platine, palladium, rhodium)
RSFSR	République socialiste fédérative soviétique de Russie
PSA	Accords de partage de production (p. 40-41)
UE	Union européenne
URSS	Union des républiques socialistes soviétiques
ZEE	Zone économique exclusive

Définitions

Bizness
Nouveau terme introduit dans la langue russe, désignant toute forme d'activité économique non déclarée, pratiquée en marge (plus ou moins éloignée) de la loi.

Combinat
Groupement géographique d'usines formant généralement une seule entreprise. Les combinats sont spécialisés : combinats du bois, de 'automobile, de l'acier, etc.

Crue artificielle
Crue dont le volume et le rythme sont régulés par l'homme, à partir d'un barrage.

Dessertes en droiture
Liaison directe par bateau d'un port intérieur à un port extérieur (par exemple, Moscou-Paris).

Église uniate
Église fondée en 1596 pour rassembler les fidèles de rite orthodoxe mais reconnaissant l'autorité du pape. Elle a tout récemment été rebaptisée « gréco-catholique », pour gommer la connotation orthodoxe et mettre le catholicisme en avant.

Goskomstat
Service des statistiques. Cette dénomination demeure dans le sigle Web (gks) du Rosstat (service russe des statistiques).

Gloubinka
« Profondeur » ; désigne les campagnes reculées de Russie.

Goulag
Administration d'État des camps.

Hub
Carrefour de communications choisi par une compagnie de transport comme nœud de son réseau mondial afin de rationaliser la circulation. Les autres destinations du pays ou du continent sont desservies par des correspondances à partir du *hub*.

Kolkhoze
« Exploitation collective » en URSS : les kolkhoziens se répartissaient les bénéfices, « élisaient » leur directeur (le candidat unique était choisi par le Parti) et disposaient d'un lopin de terre dont ils pouvaient vendre la production sur le marché.

Prise en glace stable
Date à laquelle la carapace de glace est définitivement installée pour l'hiver, sans dégels intermittents.

Raïon
Subdivision administrative des sujets (souvent traduit par district) de la Fédération.

Sovkhoze
En URSS, « ferme d'État » : les salariés étaient dirigés par un directeur désigné par le Parti et disposaient d'un lopin de terre pour leur consommation personnelle.

Super-pointe
Période de pointe extrême de la consommation électrique des entreprises et des ménages lors des jours du cœur de l'hiver (les plus froids et les plus courts de l'année). Si la demande dépasse la capacité de production, le réseau de distribution disjoncte, provoquant une panne géante de quelques heures, le temps de remettre en service les installations de production, les unes après les autres.

Tchinovnik
Littéralement, homme du *tchin*. Référence à la Table des rangs qui, de 1722 à 1917, a réglementé la progression dans le service de l'État. Individu travaillant dans une logique purement bureaucratique.

Tranche nucléaire
Réacteur nucléaire (une centrale compte généralement trois ou quatre tranches).

Tirant d'air
Sur une voie navigable, hauteur disponible pour le passage sous les ponts.

Tirant d'eau
Profondeur assurée sur la voie d'eau.

Zone économique exclusive
Elle s'étend au maximum sur 200 milles à partir de la ligne côtière de base. Sur cette zone, l'État exerce des droits souverains sur l'exploitation des ressources biologiques et sur celles du sol et du soussol. Il exerce la juridiction sur la zone pour la recherche scientifique, l'insallation de plateformes ou la protection du milieu marin.

Bibliographie

Les folios en italique renvoient aux pages de l'atlas correspondantes.

AFANASIEV M., *Polis*, n° 6, 1994, voir Raviot J. B. *22-23*

ALADIN Nikolaï, PLOTNIKOV Igor, *The Caspian Sea*, 2004 www.worldlakes.org/uploads/Caspian%20Sea%2028jun04.pdf *62-63*

ALEKSEEV Mikhaïl, « Socioeconomic and security implications of Chinese migration in the Russian Far-East », *Post-soviet Geography and Economics*, n° 2, 2001, p. 122-141 .... *30-31*

ARIKAÏNEN Alexandr, *Soudokhostvo v ldakh Arktiki*, Transport, Moscou, 1990 .... *50-51*

BANDMAN Mark, MALOV Vladimir, « Transportnyi komplieks aziatskoï Rossii », *Izvestia Akademii Naouk*, 2001, p. 12-24 .... *36-37*

BAYOU Céline, « Les interdépendances énergétiques de la rive orientale de la Baltique », *Courrier des pays de l'Est*, n° 1003, 2000, p. 17-29 .... *52-53*

BAYOU Céline, « Les relations Russie-Union européenne : vers quelle intégration ? », *Courrier des pays de l'Est*, n° 1025, 2002, p. 4-16 .... *70-71*

BAYOU Céline, « États baltes-Russie. 1er mai 2004-9 mai 2005 », *Courrier des pays de l'Est*, n° 1048, 2005, p. 15-29 .... *52-53*

BERNARD Jean-Philippe, GASPARD Michel, HARRAL Ciell, 1991, « L'économie des transports dans l'ex-URSS », *Courrier des pays de l'Est*, n° 363, 1991, p. 3-41 .... *32-33 ; 36-37 ; 52-53 ; 58-59*

BOND Andrew, LEVINE Richard, « Norilsk nickel and Russian platinum-group metal production », *Post-Soviet Geography and Economics*, n° 2, 2001, p. 77-104 .... *16-17 ; 50-51*

BOYKO Natalia, « Églises orthodoxes et identités nationales en Ukraine post-soviétique », *in* Lepesant Gilles (dir), *L'Ukraine dans la nouvelle Europe*, Paris, CNRS-Éditions, 2005, p. 83-117 .... *56-57*

BRADSHAW Mike, *A Sustainable Future for Sakhalin*, ESRC Seminar, University of Leicester, 2005 ... *40-41*

BRZEZINSKI Zbigniew, *Le Grand Échiquier*, Paris, Hachette, 1997 .... *4-5*

CHEBANKOVA Elena, « The limitation of central authority in the regions and the implications for the evolution of Russian's federal system », *Europe-Asia Studies*, n° 7, 2005, p. 933-950 .... *24-25*

CHTCHEDROVSKII Piotr, « Edinoïe oupravlientchieskoïe prostranstvo », *Expert*, 8 décembre 2003 .... *24-25*

DESERT Myriam, Favarel-Garrigues Gilles, « Les capitalistes russes », *Problèmes politiques et sociaux*, n° 789, 1997 .... *18-19*

DIENES Leslie, « Observations on the problematic potential of Russian oil and the complexities of Siberia », *Eurasian Geography and Economics*, n° 5, 2004, p. 319-345 .... *38-39*

FAVAREL-GARRIGUES Gilles, « La région de Sverdlovsk et le pouvoir du gouverneur », *in* Mendras Marie (dir), *Russie, le gouvernement des provinces*, Genève, CRES, 1997, p. 161-191 .... *24-25*

FINON Dominique, « La nouvelle concurrence sur le marché mondial des réacteurs nucléaires », *Revue de l'énergie*, n° 5, 2005 .... *12-13*

FREY Peggy, « Le fluvial aux dimensions russes », *Navigation, ports, industrie*, octobre 2005, p. 473-474 .... *34-35*

GAZIER Anne, « Fédéralisme et auto-administration locale en Russie », *Problèmes politiques et sociaux*, n° 783, 1997, p. 11-19 .... *22-23*

GAZIER Anne, « La mise au pas des régions russes ? La réforme institutionnelle de Poutine », *Courrier des pays de l'Est*, n° 1015, 2001, p. 4-14 .... *24-25*

GICQUIAU Hervé, 2000, « Maïak, le géant du nucléaire russe », *Courrier des pays de l'Est*, n° 1004, p. 96-98 .... *42-43*

GORBATCHEV Mikaïl, *Perestroïka*, Paris, Flammarion, 1987 .... *42-43*

HADDAJI Yasha, « Les hydrocarbures dans le sud de la Caspienne », *Courrier des Pays de l'Est*, n° 1 043, 2004, p. 12-23 .... *62-63*

HAUKKALA Hiski, « The Making of the European Union's Common Strategy on Russia », Ulkpoliitinem Instituutti, Helsinki, 2000, www.upi-fiaa,fi/northernstrategy/csfp11.pdf *70-71*

HAZARD Ingrid, « La CEI, union en panne ? », *in Les Pays de la CEI*, Paris, La Documentation française, 1999, p. 13-36 .... *68-69*

HELLY Damien, « Un corridor de transport Asie-Europe », *Courrier des pays de l'Est*, n° 1019, 2001, p. 52-64 .... *62-63, 64-65*

Ivanov Vladimir, *Russia's Energy Politics and New Markets in Asia*, 2005, http///www.erina.or.jp *40-41*

KAPPELER Andréas, *La Russie, empire multi-ethnique*, Paris, Institut d'études slaves, 1994 .... *6-7 ; 52-53 ; 54-55*

KLIAMKINE Igor, TIMOFEEV Lev, *La Russie de l'ombre*, Paris, Presses de la Cité, 2003 .... *20-21 ; 48-49*

KONTOROVICH Vladimir, « Economic crisis in Russian Far-East », *Post-Soviet Geography and Economics*, n° 6, 2001, p. 391-415 .... *36-37*

KORONKIEVITCH Nikolaï, ZAÏTSEVA Irina, *Antropogiennoïe vozdieïstvie na vodnye resoursy Rossii v kontse XXe vieka*, Moscou, Naouka, 2003 .... *42-43*

KUNTH Antoine, THOREZ Pierre, « Frontières et transport. Continuité, mutations et transitions entre l'ouest et l'est de l'Europe », *Revue d'études comparatives est-ouest*, n° 3, 2005, p. 11-42 .... *52-53*

LALLEMAND Jean-Charles, « Constructions identitaires et sentiment d'appartenance régionale en Russie », *Cahiers Anatole Leroy-Beaulieu*, IEP de Paris, n° 24, 1999, p. 131-140 .... *22-23*

LALLEMAND Jean-Charles, « Clientélisme régional en Russie », *Pouvoirs*, n° 112, 2005, p. 127-140 .... *22-23*

LALLEMAND Jean-Charles, « Biélorussie 2005, le spectre d'une révolution colorée », *Courrier des pays de l'Est*, n° 1053, 2006, p. 60-77 .... *54-55*

LAPINA Natalia, « Les dirigeants régionaux et le pouvoir fédéral », *Courrier des Pays de l'Est*, n° 1015, 2001, p. 15-24 .... *24-25*

LE HUEROU Anne, « Pouvoirs locaux et pouvoirs régionaux à Omsk », *in* Mendras Marie (dir.), *Russie, le gouvernement des provinces*, Genève, CRES, 1997, p. 129-160 .... *22-23*

LEVINE Richard, *The Mineral Industry of the CIS*, US Geological Survey Minerals Yearbook, 2003 .... *72-73*

LEVINE Richard, Wallace Glenn, *The Mineral Industry of the CIS*, US Geological Survey Minerals Yearbook, 2004 .... *12-13*

LIGHT Margot, « La galaxie CEI, 1991-2006 », *Courrier des pays de l'Est*, n° 1055, 2006, p. 14-25 .... *68-69*

LOUKITCHEV Viatcheslav, TABAKOV Nikolaï, « Proïekt planietnogo maschtaba », *Expert-Oural*, n° 11, 2004 .... *72-73*

MARCHAND Pascal, « La Volga, aménagement et environnement », thèse d'État, 1990 .... *34-35 ; 42-43 ; 62-63*

MARCHAND Pascal, « Une catastrophe d'origine administrative : l'aménagement de la Volga par la bureaucratie », *Revue géographique de Lyon*, n° 3-4, 1991, p. 231-237 .... *42-43*

MARCHAND Pascal, « L'agriculture post-soviétique », *Annales de géographie*, n° 597, 1997, p. 459-478 .... *48-49*

MARCHAND Pascal, SAMSON Ivan, « Métropoles et développement économique en Russie », *in* Bensahel Liliane et Marchand Pascal (dir.), *Les Régions de Russie à l'épreuve des théories et pratiques économiques*, Paris, L'Harmattan, 2001, p. 101-122 .... *46-47*

MARCHAND Pascal, *Géopolitique de la Russie : le pouvoir, l'homme, le territoire*, Paris, Ellipses, 2007.

MARIN Anaïs, « Dix ans de relations russo-baltes », *Courrier des pays de l'Est*, n° 1003, 2000, p. 4-16 .... *52-53*

MILOV Vladimir *et al.*, « Russia's energy policy: 1992-2005 », *Eurasian Geographics and Economics*, n° 3, 2006, p. 285-313 .... *38-39*

MOE Arild, JORGENSEN Anne-Kristin, « Offshore mineral development in the Russian Barents Sea », *Post-Soviet Geography and Economics*, n° 2, 2000, p. 98-133 .... *40-41 ; 50-51*

NEFEDOVA Tatiana, *Sielskaïa Rossia na perepoutie*, Moscou, Novoïe Izdat, 2003 .... *48-49*

NIEPOROROJNII P. *et al.*, *Gidroenergetika i komplieksnoïe ispolozovanie vodnykh resoursov SSSR*, Moscou, Energia, 1982 .... *34-35*

OBTCHINNIKOVA Elena, AGUIEIV Sergueï, « Biezlochadnaïa Arktika », *Expert-Sieviero-Zapad*, n° 14, 2002 .... *50-51*

ORTTNUNG Robert, « L'échec du fédéralisme à la Poutine », *in* Mendras Marie (dir.), *Comment fonctionne la Russie ?*, Paris, collection CERI, Autrement, 2003, p. 81-106 .... *24-25*

POPOV Alexandr, « Trassa na milliard », *Expert*, 7 mai 2007 .... *32-33*

PROKHOROV Pavel, « Sieviernyi pasians », *Expert-Severo-Zapad*, n° 13, 2007 .... *36-37*

RAGNER Claes, « The Northern Sea Route », *Post-Soviet Geography and Economics*, n° 8, 2000, p. 541-580 .... *50-51*

RAVIOT Jean-Bernard, « Qui gouverne les régions ? », *Problèmes politiques et sociaux*, n° 783, 1997 .... *22-23*

REY Marie-Pierre, *De la Russie à l'Union soviétique, 1462-1953*, Paris, Hachette, 1994 .... *52-53*

RICHARD Yann, « La Biélorussie, espace sous influence », *Revue géographique de l'Est*, n° 4, 1998, p. 171-182 54-55

ROWLAND Richard, « Russia's secret cities », *Post-Soviet Geography and Economics*, n° 7, 1996, p. 426-462 .... *12-13*

Rowland Richard, « Regional population change in Kazakhstan during the 90's », *Post-Soviet Geography and Economics*, n° 8, 2001, p. 571-614 .... *64-65*

Rowland Richard, « National and regional trends in Ukraine », *Eurasian Geography and Economics*, n° 7, 2004, p. 491-514 .... *56-57*

Sagers Matthew, « Developments in Russian crude oil production », *Post-soviet Geography and Economics*, n° 3, 2001, p. 153-201 .... *40-41*

Sagers Matthew, « The regional dimension of Russian oil production », *Eurasian Geography and Economics*, n° 5, 2006, p. 505-545 .... *40-41 ; 66-67*

Saivetz Carol, « Pespectives on the Caspian Sea dilemma : Russian policies since the Soviet demise », *Eurasian Geography and Economics*, n° 8, 2003, p. 588-606 .... *62-63*

Sandahl Erik, « La CEI, attentes et réalités », *in Ex-URSS, les États du divorce*, Paris, La Documentation française, 1993, p. 25-44 .... *68-69*

Stoliarov Boulat, Kouznetsova Olga, « Vielikaïa vostotchnaïa paradigma », *Expert-Oural*, n° 18, 2006 .... *40-41*

Tammaru Tiit, Kulu Hill, « The ethnic minorities of Estonia », *Eurasian Geography and Economics*, n° 2, 2003, p. 105-120 .... *52-53*

Thorez Julien, « L'essor des migrations de travail entre l'Asie centrale et la Russie », *Espaces, population et sociétés*, n° 1, 2007 .... *30-31*

Thual François, *Géopolitique de l'orthodoxie*, Paris, Dunod, 1993 .... *56-57*

Toniaïev Vitali, *Geografia vnoutriennykh vodnykh poutieï SSSR*, Moscou, Transport, 1990 .... *34-35*

Urjewicz Charles, « Les évolutions intérieures, du rêve démocratique aux dérives autoritaires », *in Arménie, Azerbaïdjan, Géorgie, l'an V des indépendances*, Paris, La Documentation française, 1996, p. 13-30 .... *60-61*

Viltchek G. *et al.*, « Oustoïtchivoïe razvitie rossiiskoï Arktiki », *Izvestia Akademii Naouk*, n° 1, 1997, p. 29-42 .... *42-43*

Vitunic Brian, 2003, *Enclave to Exclave: Kaliningrad Between Russia and the European Union*, Univ. Columbia, 2003, www.columbia.edu/cu/sipa/REGIONAL/ECE/vol6no1/enclave.pdf *70-71*

Annuaires statistiques

- *Demografitcheskii ejegodnik rossiiskoï federatsii*, Moscou, Goskomstat, 1993.
- *Latvijas statistikas gadagramata*, Riga, Latvijas Republikas Centrala Statistikas Parvalde, 2000.
- *Narodnoïe Khoziaïstvo RSFSR*, Moscou, Finansy i statistika, 1980.
- *Narodnoïe Khoziaïstvo SSSR v 1989 godou*, Moscou, Finansy i statistika.
- *Natsionalnyi sostav nasielienia SSSR*, Moscou, Finansy i statistika, 1991.
- *Natsionalnyi sostav nasielienia*, Moscou, www.perepis.ru, 2002.
- *Promychliennost Rossii*, Moscou, Goskomstat, 1995.
- *Promychliennost Rossii*, Moscou, Goskomstat, 2005.
- *Regiony Rossii*, Moscou, Rosstat, 2005.
- *Rossiiskaïa Federatsïa v 1992 godou*, Moscou, R.I.I.Ts.
- *Rossiiskii Statistitcheskii Ejegodnik*, 1998, Moscou, Goskomstat.
- *Rossiiskii Statistitcheskii Ejegodnik*, 2000, Moscou, Goskomstat.
- *Rossiiskii Statistitcheskii Ejegodnik*, 2005, Moscou, Rosstat.
- *Rossiiskii Statistitcheskii Ejegodnik*, version électronique, 2006, Moscou, Rosstat.
- *Tchisliennost nasielienia rossiskoï federatsii po gorrodam*, Moscou, Goskomstat, 1994.
- *Transport i sviaz*, Moscou, Goskomstat, 2005.

Atlas

- *Atlas classique*, Vidal de La Blache Paul, Paris, Armand Colin, 1912.
- *Atlas de la Russie*, Milner-Gulland Robin, Amsterdam, Éditions du Fanal, 1990.
- *Atlas historique de la Russie*, Channon John, Paris, Éditions Autrement, 1997.
- *Atlas SSSR*, Glavnoïe Oupravlienie Geodezii i Kartografii, Moscou, 1986.
- *Latvijas Geografijas Atlants*, Karsu izdevniciba Jana Seta, Riga, 1999.

Publications périodiques spécialisées

- *Air & Cosmos*, hebdomadaire, Paris.
- *Cyclope*, annuel, Paris.
- *Gornyi Journal*, mensuel, Moscou.
- *Journal de la marine marchande*, hebdomadaire, Paris.
- *Statistiques de pêches, captures*, Annuaire FAO, annuel, Rome.
- *The Military Balance*, Institute for Strategic Studies, Londres.
- *Les Échos*, quotidien économique, Paris.